Konrad Kramar
Mission Michelangelo

Konrad Kramar

Mission Michelangelo

Wie die Bergleute von Altaussee Hitlers Raubkunst
vor der Vernichtung retteten

Wissenschaftliche Mitarbeit und Recherche:
Inge Korneck

Residenz Verlag

Bibliografische Information der Deutschen Bibliothek
Die Deutsche Bibliothek verzeichnet diese Publikation in der
Deutschen Nationalbibliografie; detaillierte bibliografische Daten sind
im Internet über http://dnb.d-nb.de abrufbar.

www.residenzverlag.at

© 2013 Residenz Verlag
im Niederösterreichischen Pressehaus Druck- und Verlagsgesellschaft mbH
St. Pölten – Salzburg – Wien

Umschlaggestaltung: Thomas Kussin
Umschlagbild: Bundesdenkmalamt
Grafische Gestaltung/Satz: buero8, Wien
Bildnachweis: Zentralinstitut für Kunstgeschichte: 1;
Bayerische Staatsbibliothek München / Fotoarchiv Hoffmann: 2, 3;
Bundesdenkmalamt Wien: 4, 5, 6, 7, 8, 16; privat: 9, 15, 22;
Salinen Austria Archiv: Cover, 10, 11, 12, 13, 18;
Dokumentationsarchiv des
Österreichischen Widerstands: 14;
Naturhistorisches Museum Wien: 17;
APA / Scherl / SZ-Photo / picturedesk.com: 19, 20;
Archiv Zeitgeschichte Museum Ebensee: 21;
Schrift: Minion
Lektorat: Jessica Beer
Gesamtherstellung: CPI Moravia Books

ISBN 978 3 7017 3315 6

Inhalt

Vorwort

Eine Geschichte – viele Geschichten

„Es gibt Leute, die wollen immer noch nicht drüber reden – und die wissen auch genau, warum." Die Dame, die mir gegenüber im Café an der Hauptstraße von Altaussee sitzt, will darüber reden, über das, was vor inzwischen fast siebzig Jahren hier passiert ist: hier unten im Ort, wo sich die verbliebenen Köpfe der Nazi-Elite hinterrücks aus ihrem Krieg verabschieden wollten, und oben am Salzberg, dessen Stollen in diesem Frühjahr 1945 der größte Kunstschatz füllte, der je in Europa zusammengetragen worden war. Es ist jener Kunstschatz, den auf der Kinoleinwand eine Truppe aus Hollywoods berühmtesten Namen jagt: „The Monuments Men" erzählt die Geschichte der Amerikaner, die am 9. Mai 1945, also einen Tag nach Kriegsende, in Altaussee eintrafen.

Dieses Buch aber will die Geschichte der Tage davor erzählen, jener Tage, als einer Handvoll Österreicher die Rettung dieses Kunstschatzes vor der Vernichtung gelang – eine Geschichte voller Helden, Schurken und vor allem mit zahlreichen Figuren, bei denen jene Schwarz-Weiß-Malerei nicht mehr zu greifen scheint.

Doch dieser Krimi ist bisher nicht um der Spannung willen erzählt worden, sondern benützt, um falsche Heldenmythen zu schaffen, Schuld zu tilgen und sich zu rechtfertigen, vor den Besatzern, den Gerichten, vor der Geschichte. Noch Jahrzehnte später tritt einem in vielen Büchern über die Ereignisse vor allem eines entgegen: ein Geschichtsbild, das den Tatsachen, den Verbrechen und denen, die dafür verantwortlich sind, ausweicht.

Für Österreich eigentlich wenig überraschend: Schließlich ist gerade die Rettung der Kunstschätze von Altaussee keine Geschichte, die man einfach aus ihrem historischen Rahmen heraustrennen kann. Sie steht fast exemplarisch für die Rolle dieses Landes und seiner Bevölkerung in der Zeit des Nationalsozialismus und für den Umgang mit der eigenen Geschichte in den Jahren und Jahrzehnten danach.

Nicht nur diese entscheidenden Tage zu Kriegsende in Altaussee, auch all das, was in diesem idyllischen Ort im Salzkammergut später geschah, was berichtet, als Gerücht weiterverbreitet und zuletzt niedergeschrieben wurde, steht im Schatten des Verbrechens, das in diesem Frühjahr sein tragisches Finale erlebte: Hitlers Vernichtungskrieg, mit seinen Tätern, Mittätern und Mitläufern.

In Altaussee blähte sich der Wahn, der hinter all dem stand, noch einmal zu einem der letzten Dramen auf und zerplatzte schließlich als seltsame Farce. Doch kaum sind die Nazi-Größen von dieser alpinen Bühne abgetreten und ihre Helfer fürs Erste verstummt, beginnen das Lügen, das Verdrängen und die Schuldzuweisungen, verschwinden die Tatsachen, weil die, die jetzt am Wort sind, die meisten davon nicht brauchen können. Nur wer sich durch diesen Schutthaufen an Geschichten durchwühlt, kann den Ereignissen, wie sie wirklich stattfanden, zumindest ein Stück näherkommen, und verstehen, warum so lange jeder, der sie aufgriff, seine eigene Geschichte daraus formte, etwas vortäuschte oder zu beweisen trachtete.

Dieses Buch will nichts beweisen, es versucht, die Geschichte von der Rettung der bedeutendsten Kunstschätze Europas mit all ihren Hintergründen zu erzählen und der Wahrheit dabei so nahe wie möglich zu kommen.

Meine Suche musste am Ort des Geschehens anfangen, bei Erinnerungen und Geschichten wie jenen, die mir die leidenschaftliche Hobbyhistorikerin im Café erzählte. Ihren Namen aber wollte sie – wie auch viele andere im Ausseerland – lieber nicht lesen. Zu viele Geheimnisse, auch solche, die man lieber auch drei Generationen später noch ins Grab mitnimmt, hatte sie zusammengetragen. Im Ausseerland halten sich nicht nur Traditionen hartnäckig, sondern eben auch Geheimnisse, Freund- und ebenso tiefsitzende Feindschaften. Hier werden politische Gräben nicht so einfach zugeschüttet.

So gibt es bis heute über diese entscheidenden Tage Ende April, Anfang Mai 1945 nicht eine Geschichte zu erzählen, sondern mehrere, viele – und sie widersprechen einander gänzlich. Wer sich all die Mythen, die man hier weitergibt, anhört, von den vergrabenen Nazi-Millionen bis hin zu den Stollen, in denen bis heute noch Kunstschätze unentdeckt liegen sollen, wer sich durch all die Bücher, die darüber geschrieben wurden, arbeitet, durch die wissenschaftlichen und pseudowissenschaftlichen Veröffentlichungen, der kommt der Wahrheit nur Schritt für Schritt näher. Warum? Weil es in diesem kleinen Ort im steirischen Salzkammergut zu viele ganz persönliche Erinnerungen an diese Tage und daher viel eigene Betroffenheit gibt: Familienmitglieder, Freunde spielten eine Rolle, manchmal freiwillig, manchmal von der Diktatur dazu gezwungen, manchmal ganz einfach vom Strudel der Geschichte mitgerissen.

Das ergibt Darstellungen, die so dreist dahergelogen sind, dass man anfangs gar nicht versteht, wie das jemand irgendwann glauben konnte. Die Antwort aber ist ganz einfach. Es waren manchmal genau die Lügen, die jemand brauchte, um diesen Krieg möglichst unbeschadet hinter sich zu lassen – manchmal war dieser Jemand sogar die neugegründete Republik Österreich. Vielleicht weil man in diesem Alpental seit jeher besonders eng beieinanderlebt, vielleicht auch, weil sich hier die ganze Tragik des Krieges noch einmal dramatisch zusammenballte, prallen in Altaussee und im ganzen Ausseerland im Krieg, aber auch heute noch gegensätzliche Welten und Weltanschauungen besonders heftig aufeinander. Wie hätte sonst der ehemalige Adjutant und engste Berater einer SS-Größe als hochangesehener Schuldirektor Auszeichnungen des Landeshauptmannes erhalten? Während einen Ort weiter der Mann, der sich selbst zum Anführer des Widerstandes, zum Retter der Kunstschätze stilisierte, eine Karriere machte, die ihn bis nach Wien ins Parlament führen sollte?

Hier lebten Nazi-Größen und Widerstandskämpfer oft Haus an Haus nebeneinander – und oft waren sie auch noch gute Nachbarn. Hier war einer NSDAP-Mitläufer, ohne groß darüber nachzudenken, und ein anderer Fanatiker, der noch an den Führer glaubte, als der schon längst tot war. Schicksale, so gegensätzlich und doch so dicht aneinander, dass eines am anderen nicht vorbeikommt, ohne es ein Stück zu verrücken – und das manchmal mit historischen Folgen.

Egal ob Politik oder Religion, ob Kaisertreue oder NS-Faschismus, im Ausseerland folgt jede Überzeugung, jeder Glaube eigenen Regeln. Die über Jahrhunderte einzigartigen Rechts- und Besitzverhältnisse im Salzkammergut haben sich im ganzen Leben dieser Region festgesetzt. Der Kirche, vor allem der katholischen, tritt man hier auffallend skeptisch gegenüber. Sinnsprüche wie „die bösen Leut musst vor der Kirchen suchen" zeigen das deutlich. Die Gegenreformation kam in diesen Tälern nicht weit.

Über die Obrigkeit und deren Besitzansprüche setzte man sich ganz einfach beim Wildern hinweg. Der Wildschütz, gejagt von den Gutsherren, hat hier traditionell eine Heldenrolle. Dieser Nimbus der Rebellen in den Bergen bildete auch die ideologische Grundlage für die Widerstandsbewegung während Austrofaschismus und Nationalsozialismus. Und da man im Salzkammergut aufgrund der jahrhundertelangen Abgeschiedenheit auch enger miteinander verwandt ist als anderswo in Österreich, wirkt auch die familiäre Unterstützung stärker. Ein Widerstandskämpfer, ein Deserteur findet leicht einen Unterschlupf oder jemanden, der ihm etwas zu essen in sein Versteck schmuggelt. Doch natürlich sind auch die Gegner nicht weit, sitzen die Nationalsozialisten in der eigenen Familie oder beim Nachbarn nebenan. Die Gräben, die das 20. Jahrhundert überall in Österreich aufgerissen hat, verlaufen in Altaussee mitten durchs Dorf.

Fester als anderswo in Österreichs ländlichem Raum waren auch die Arbeiterbewegung und damit der Sozialismus verankert. Unter den Bergknappen, die schon immer ein ausgeprägtes Standesbewusstsein und eine starke Solidarität untereinander hatten, schlugen sozialistische Überzeugungen rasch und tief Wurzeln. Unweigerlich fand auch der Nationalsozialismus unter den Arbeitern – auch aus Opposition gegen Kirche und Ständestaat – überdurchschnittlich viele Anhänger und Mitläufer.

Gerade in Altaussee aber prägt noch eine wichtige Gruppe das Alltagsleben: das Wiener Bürgertum, vor allem das jüdische Wiener Bürgertum, das hier sein Shangri La in den Alpen entdeckte: Friedrich Torberg, Hugo von Hofmannsthal, Jakob Wassermann. Generationen von Künstlern und Intellektuellen haben diesen Ort bevölkert, zuletzt auch Thomas Bernhard, der Altaussee natürlich leidenschaftlich hasste, die meisten von ihnen in Lederhose und Dirndl und auf der Suche nach der alpinen Idylle und nach der Seele der Einheimischen, die sich ihnen meist grantig und verschlossen entzog. Altaussee, scherzt man hier gerne ein bisschen selbstgefällig, sei ja der einzige Ort, in dem die Touristen alles täten, um sich den Einheimischen anzupassen – und nicht umgekehrt.

Eine Bühne der Eitelkeiten inmitten der Abgeschiedenheit, Kaisertreue neben Wildererstolz, Sozialdemokraten Tür an Tür mit fanatischen Nazis: In dieses wirre Gemisch drängen sich, je länger Hitlers Krieg dauert, neue gefährliche Mitspieler. Die Nazi-Elite entdeckt Altaussee: als Idylle – quasi eine österreichische Variante des Obersalzbergs – wie Joseph Goebbels, als Versteck, um dort den Krieg auszusitzen wie Ernst Kaltenbrunner, oder sich vielleicht sogar über die Berge davonzumachen wie Adolf Eichmann, der Altaussee als Absprungsort nach Übersee nutzen würde.

Doch bereits Ende 1943 entdeckt Adolf Hitler den Salzberg als Lager für seine Raubkunstschätze, als Zwischenlager für das geplante Führermuseum in Linz, das nie mehr als ein in Gips gegossenes Hirngespinst werden sollte. Züge, vollgeladen mit Kunst aus Europas größten Sammlungen, rollen an, füllen Stollen um Stollen in dem durch Jahrhunderte ausgehöhlten Berg. Die Lunte an diese explosive Mischung wird ein Führerbefehl legen, der – zumindest in den Ohren der letzten fanatischen Nazis – nichts anderes heißen kann, als diese Kunstschätze vor den Bolschewisten zu retten, und sei es durch völlige Vernichtung.

Doch als die ersten Amerikaner und ihre „Monuments Men" über den Pötschenpass in Altaussee einrollen, ist nicht nur die Vernichtung bereits abgewendet – auch die Lügen türmen sich schon haushoch auf.

Bald werden sie sich vor den alliierten Offizieren und Inspektoren in Meineide verwandeln, geleistet und zu Papier gebracht vor allem aus einem Grund: um die eigene Haut zu retten, oder aber, um sich möglichst gut vor den neuen Herren, in diesem neuen Österreich zu verkaufen. Die Geschichte der Kunstrettung von Altaussee ist so von Anfang an zum Spielball von mehr als widersprüchlichen Interessen geworden. Und das sollte in den Jahren nach Kriegsende auch so bleiben. Bald nämlich kamen auch die zurück ins Spiel, die nach dem Krieg kurzfristig nichts mehr zu reden gehabt hatten – die ehemaligen Nationalsozialisten, seien sie Chefideologen, einfach nur Befehle ausführende Technokraten oder Manager in Hitlers Kriegswirtschaft gewesen. Jene, die während des Krieges die „Bergung" der Kunst – die Einlagerung im Bergwerk – organisiert und durchgeführt hatten, melden jetzt ihre Rolle auch bei der Rettung der Kunstschätze an. Haben sie nicht die entscheidenden Befehle erteilt? Als gebildete Akademiker, die ihre alten Netzwerke rasch wieder aktivieren, spielen sie gegenüber den Bergleuten ihre Wortgewandtheit, ihre Fachkenntnisse und natürlich ihre tragende Rolle in der ganzen Bürokratie rund um die Rettung der Kunstschätze aus. Ihre Namen stehen in den Befehlen, die die Vernichtung der Kunstschätze zuletzt verhinderten, sie sind in den Protokollen der entscheidenden Sitzungen vermerkt. Die Bergarbeiter, so der

Grundton ihrer Berichte, allen voran jene des Direktors der Salinen Emmerich Pöchmüller, hätten nur Befehle ausgeführt.

Das aber hört sich in den Erzählungen der Bergarbeiter ganz anders an: Von Widerstand und gemeinsam gefällten Beschlüssen gegen die Bergwerksleitung ist hier die Rede. Und hinter jenen, die sich zuallererst den Besatzern als Helden des Widerstands andienten, treten in diesen späteren Aufzeichnungen jene hervor, die aus sich selbst keine Helden machten und auch nicht von anderen dazu gemacht werden wollten. Jene, die im entscheidenden Moment das Richtige getan hatten, um die Kunstwerke, vor allem aber ihren Salzberg, ihre Lebensgrundlage seit Jahrhunderten zu retten. Sie kehrten nach dem Krieg in ihren Alltag zurück und nahmen ihre Geschichten nach Hause mit.

Wenn man sich heute mit ihren Kindern und Enkeln unterhält, merkt man, wie wenig sie daheim über diese Tage gesprochen haben und wie wenig die eigenen Nachkommen davon wissen, was wirklich oben am Salzberg geschehen ist. Dieses Klima konserviert Gerüchte und Geheimnisse gut, oft über Jahrzehnte. So wird dem Besucher dann vertraulich mitgeteilt, dass sich vielleicht der eine oder andere Bergmann doch ein besonders großes Haus gebaut habe, damals nach dem Krieg, und dass man doch einmal bei einem der Antiquitätenhändler auf dem Speicher nachschauen solle, was da alles gelagert wäre.

Vielleicht gäbe es noch viel mehr zu wissen oder sogar zu entdecken in den Häusern von Altaussee, wo sich zunächst Juden und kurz darauf Nazi-Größen versteckten, wo man das Gold Kaltenbrunners in einem Garten fand und jenes manch anderer Nazi-Verbrecher bis heute nicht aufgetaucht ist. Doch die Geschichte jener dramatischen Tage zu Kriegsende beginnt nicht in Altaussee und nicht in einem Bergwerk, sondern in Linz, fast ein halbes Jahrhundert früher, im Kopf eines eigenbrötlerischen jungen Mannes aus Braunau am Inn.

Konrad Kramar,
Herbst 2013

Der Traum des Zeichners

Stundenlang soll er oft dagesessen und vornübergebeugt auf die leuchtend weißen Gipsblöcke gestarrt haben, die sich da vor seinen Augen auftürmten. Ein eigenes Beleuchtungssystem war in dem düsteren Bunker installiert worden, und wenn der Strom nicht gerade wieder einmal ausgefallen war, weil russische Granaten irgendwo einen Mast umgelegt hatten, strahlten Scheinwerfer auf jedes einzelne Gebäude dieses bizarren Minimundus. Tages- und Nachtzeiten ließen sich per Knopfdruck einstellen, und mit ihnen die Schatten, die auf die endlosen Arkaden mit griechischen Säulen fielen: auf den Opernplatz mit der Brucknerhalle, die ähnlich wie Bayreuth nur einem einzigen Komponisten gewidmet sein sollte, daneben das Pantheon der Architektur, ein Triumphbogen und als Mittelpunkt der Anlage das Führermuseum. Mit dem Louvre und den Uffizien werde es diese seine Bildergalerie aufnehmen können, hatte er vor Jahren angekündigt. 1950 sollte sie fertiggestellt sein, gemeinsam mit der völlig neugestalteten Führerstadt Linz.

Doch dieses Ziel war in den Apriltagen des Jahres 1945 viel weiter entfernt als bloß fünf Jahre Bauzeit. Es war zur Illusion geworden, und je mehr diese Illusion von der Realität im Bunker unter der Reichskanzlei fortrückte, desto strahlender, desto übermächtiger wurde sie – und desto länger wurden die Stunden, in denen Hitler dorthin flüchtete. „In solchen Augenblicken vergaß er den Krieg", erinnerte sich seine Privatsekretärin Christa Schroeder, „er spürte dann keine Müdigkeit mehr und erläuterte uns stundenlang alle Einzelheiten der Veränderung, die er für seine Heimatstadt plante."

Immer häufiger brach er die Stabsbesprechungen mit seinen letzten verbliebenen Offizieren frühzeitig ab. Ohnehin bestanden sie meist nur noch aus dem Hin- und Herschieben längst nicht mehr vorhandener Armeen, mündeten in einen Monolog Hitlers über das Versagen seiner Generäle, der Armee, des ganzen deutschen Volkes. Fast abrupt nahm er dann einen der Anwesenden an der Hand, führte ihn hinüber in den Bunker unter der Reichskanzlei. Dort stand das Modell, das Hermann Giesler, einer seiner Architekten, für ihn gebaut hatte: Linz, von der riesenhaften Stadtachse „In den Lauben" bis hinauf zum Urfahrer Spatzenberg, wo in der Adolf-Hitler-Schule die nationalsozialistische Jugend erzogen werden sollte.

Giesler, der dem Nationalsozialismus nie abschwören sollte, hatte für Hitler schon in München gearbeitet, er hatte diverse NS-Bauten in Weimar errichtet und Hitlers Grabmal entworfen. In diesen Monaten des heranrückenden Untergangs hatte der Diktator den Düsseldorfer zu seinem Lieblingsarchitekten gemacht. Albert Speer, der Rüstungsminister, rückte immer mehr von ihm ab, er versuchte, statt den pathetischen Abgang des Nazi-Regimes mitzuinszenieren, lieber seinem Volk nach der unvermeidlichen Niederlage das nackte Überleben zu sichern. Im Herbst 1944 war Giesler in die sogenannte „Gottbegnadeten-Liste" der größten deutschen Künstler und Architekten aufgenommen worden. Und Hitler war so oft wie möglich im Münchner Studio des Architekten erschienen, um gemeinsam das Projekt für die „Jugendstadt des Führers", die einst zum deutschen Kunstzentrum werden sollte, zu besprechen und neue Ideen zu erörtern. Stolz erwähnte Hitler immer wieder öffentlich, wie intensiv er sich mit seinen Ideen in die Gestaltung des neuen Linz eingebracht habe, hatte er sich doch schon in seiner frühen Jugend als Architekt gesehen, den nur die Starrsinnigkeit der Wiener Kunstakademien und der Erste Weltkrieg an der großen Laufbahn gehindert habe.

Ernst Kaltenbrunner, Chef des Reichssicherheitshauptamtes und bis zum Untergang einer der verlässlichsten Organisatoren des Massenmordes, erinnerte sich später an eine solche Begegnung mit Hitler in der Reichskanzlei. Er habe ihn in dem kleinen Raum zum Modell geführt und begonnen, ihn über seine Vorstellungen für Linz – es war auch Kaltenbrunners Geburtsstadt – zu befragen. Wo sollten seiner Meinung nach die Brücken über die Donau, die neuen Fabrikanlagen, die Siedlungen für die Arbeiter stehen? Kaltenbrunner, der inzwischen heimlich an einem ohnehin illusorischen Separatfrieden mit den Amerikanern verhandelte und eigentlich gekommen war, um Hitler zu Verhandlungen zu drängen, meinte später, er sei ihm wie ein großes Kind vorgekommen, das begeistert sein liebstes Spielzeug präsentierte: „Mein lieber Kaltenbrunner, wenn wir beide nicht überzeugt wären, dass wir nach dem Endsieg dieses Linz gemeinsam bauen werden, würde ich mich heute noch erschießen."

Kaltenbrunner war längst nicht mehr überzeugt, und Hitler sollte sich tatsächlich wenige Wochen nach dieser letzten Begegnung erschießen, doch das war in diesem Moment noch weit weg: Die Idee von der Führerstadt, von seinem Museum, nur die sollte bestehen bleiben. So steht es auch im letzten von Hitler verfassten Schriftstück, seinem privaten Testament. Die große Kunst als nicht realisierte Illusion sieht auch die österreichische Kunsthistorikerin Brigitte Schwarz als wesentlichen Grundbaustein von Hitlers Selbstbild. In ihrem maßgeblichen Buch „Geniewahn, Hitler und die Kunst" hat sie diese Obsession, die Hitler ein Leben lang begleitet, ja bestimmt hat, untersucht.

Die künstlerischen Pläne des Braunauers grenzten bereits früh an Größenwahn, als er in Linz als Pubertierender seine ersten Begegnungen mit der Oper und seinem Lieblingskomponisten Richard Wagner hatte. „Rienzi", ein Frühwerk Wagners über einen letztlich gescheiterten römischen Volkstribun, soll ein Schlüsselerlebnis für ihn gewesen sein. Hitlers Jugendfreund August Kubizek, den er bei den Opernaufführungen im Linzer Landestheater kennengelernt hatte, erinnert sich, dass Hitler nach der Vorstellung die halbe Nacht mit ihm auf dem Freinberg, einem Hügel über Linz, verbracht habe, um ihm seine Ideen für

Linz, für die deutsche Kunst und das ganze deutsche Volk zu schildern. Der Traum, Bauwerke oder vielmehr Baudenkmäler zu schaffen, ganze Städte zu gestalten, findet sich also bereits sehr früh in Hitlers Vorstellungen. Dass zur Realisierung dieser Träume eines Tages absolute politische Macht notwendig sein würde, war ihm offensichtlich schon damals bewusst. „Man kann erst bauen, wenn die politischen Voraussetzungen dafür geschaffen sind", soll er dem Jugendfreund verdeutlicht haben.

Der Einzelgänger verbrachte auch viele Nachmittage allein auf dem Freinberg, entwarf im Geist Gebäude, die er später dem Freund schilderte, und zeichnete Architekturentwürfe. Er soll damals schon, so erinnert sich ein Kostgänger bei seiner Mutter Clara, Skizzen für einen Neubau des Landestheaters angefertigt haben. Auch Kubizek erinnert sich an diese Zeichnungen und daran, dass sich sein Freund schon sehr früh in die Diskussion um einen Neubau des Linzer Theaters eingemischt habe. Die Ausführung aber sei für ihn schon damals das Nebensächlichste bei seinen architektonischen Planungen gewesen. Es ging ihm darum, einen, wenn auch theoretischen, Beitrag zum Theaterbau zu leisten, oder wie Brigitte Schwarz es formuliert, „um eine Selbstbestätigung als Genie".

Doch dieses Genie sollte in den Jahren danach einige schmerzhafte Niederlagen und Rückschläge einstecken müssen. Geprägt von Künstlerbiografien, die er als Jugendlicher vermutlich reichlich konsumiert hatte, beschloss Hitler, Maler zu werden. „Ein großer Künstler" gab er gegenüber einem Nachbarn als Lebensziel an, und als der einwendete, dass dem inzwischen zur Vollwaise gewordenen jungen Hitler wohl die finanziellen Mittel dafür fehlen würden, ließ sich dieser davon nicht beeindrucken: „Makart und Rubens haben sich auch aus ärmlichsten Verhältnissen emporgearbeitet."

Dass Hitler sich ab 1907 zwei Mal um eine Aufnahme an der Wiener Kunstakademie bemühte und kläglich scheiterte, ist hinlänglich bekannt. Er selbst war völlig überzeugt, spielend durch die Prüfung zu kommen: „In der Realschule war ich schon weitaus der beste Zeichner meiner Klasse gewesen, seitdem war meine Fähigkeit noch ganz außerordentlich weiterentwickelt worden." Die Ablehnung mit der legendären Begründung „wenig Köpfe", was wohl auf seine Schwäche im Zeichnen von Figuren abzielte, traf ihn tief, fügte sich aber bestens in das schon damals recht ausgeprägte Selbstbild des verkannten Genies. Hitler, der vor allem Schopenhauer, aber auch Nietzsche verschlungen hatte, hatte sich aus seiner Lektüre ein Künstlerbild zusammenfantasiert, in dem das Scheitern ein ganz zentraler Baustein war. Diese bornierten Professoren an der Akademie waren einfach zu verbohrt gewesen, um sein Talent zu erkennen. Aus der intensiven Schopenhauer-Lektüre – er behauptete später, die völlig zerlesenen Werke des Philosophen sogar während des Krieges an der Front bei sich gehabt zu haben – baute sich der junge mittellose Künstler nicht nur sein Selbstbild vom verkannten Genie, sondern er nutzte sie auch als Rechtfertigung für seinen Antisemitismus. Schopenhauer habe die Juden als „Meister der Lüge" erkannt, meinte er immer wieder, auch wenn sich das angebliche Zitat bei Schopenhauer nicht finden lässt. Gut ins Bild passten natürlich auch Biografien anderer großer Künstler, die in Wien und an der Akademie angeblich keinen Erfolg gehabt hätten, auch wenn diese Lebensläufe – etwa der des Malers Hans Makart oder Anselm Feuerbachs – für diese Zwecke ziemlich grob zurechtgebogen und umgedeutet werden mussten. Doch dem jungen Mann aus der Provinz, der gerade dabei war, in Wien in Armut und Elend abzurutschen, halfen sie, sein Selbstbewusstsein trotz dieser Enttäuschung zu bewahren. Seine Verachtung für die „Phäakenstadt Wien", die ja von Linz in seinen Plänen eines Tages völlig in den Schatten gestellt werden würde, hat vermutlich in diesen Jahren begonnen.

Eine wichtige Botschaft aber nahm Hitler von seinen kurzen Ausflügen an die Akademie mit. Verbittert und verstört über die Abweisung, schaffte er es, bis zum Rektor vorzudringen und nach den Gründen für sein Scheitern zu fragen. In „Mein Kampf" schrieb er später über das wahrscheinlich ziemlich kurze

Gespräch. Der Rektor habe ihm versichert, dass seine Zeichnungen deutlichmachen würden, dass er keinerlei Begabung als Maler habe. Als Architekt allerdings, so die Darstellung Hitlers, seien eindeutig große Fähigkeiten zu erkennen. Im Führerhauptquartier soll er Jahre später, während des Krieges, noch einmal über diese Begegnung gesprochen haben. Zumindest schildert er sie Christa Schroeder so: „Der Professor fragte mich, was für eine Bauschule ich besucht hätte. Wieso, ich habe keine Bauschule besucht! Sie müssen doch eine Bauschule besucht haben? Sie haben ersichtlich Talent für die Architektur."

Damit hatte der schon im ersten Anlauf an der akademischen Karriere gescheiterte Maler seine Bestätigung: Er war offensichtlich ein Naturtalent. Hatte der Rektor nicht auf den Besuch einer Architekturschule geschlossen, obwohl er nie an einer gewesen war? Die Augen habe ihm dieses Gespräch, schreibt er in „Mein Kampf", für seine wirkliche Bestimmung geöffnet: „In wenigen Tagen wusste ich auch selber, dass ich einst Baumeister werden würde."

„Jawohl, ich wollte Architekt werden", sollte er Jahre später sogar vor Gericht aussagen. Vorerst aber wurde das so sehr verkannte Genie etwas ganz anderes: Postkartenmaler mit Wohnsitz im Obdachlosenasyl und danach im Männerwohnheim.

Das klingt allerdings weit dramatischer, als es tatsächlich war. Das unter Kaiser Franz Joseph 1904/1905 gewissermaßen als Vorzeige-Anstalt errichtete Männerheim in der Wiener Meldemannstraße war damals beispielhaft, was Hygiene, Ernährung und sogar die individuellen Arbeitsmöglichkeiten betraf. So saß Hitler im Jahr 1910 so ziemlich jeden Tag im Wohnheim an einem Tisch und malte, was man ihm aufgetragen hatte: Postkarten und Bilder mit Stadtansichten von Wien. Er war von seinem Pritschennachbarn aus dem Obdachlosenasyl, einem gewissen Helmut Hanisch, quasi engagiert worden, denn dieser – ein Typ aus der Wiener Halbwelt und außerdem ein notorischer Betrüger – hatte Möglichkeiten gefunden, die Arbeiten des jungen Kunstmalers einigermaßen lukrativ zu verkaufen. Als Kunden hatte er Touristen, vor allem aber auch Geschäfte für Bilderrahmen und Künstlerbedarf. Die schmückten mit den Erzeugnissen aus der Meldemannstraße ihre Bilderrahmen, um sie attraktiver aussehen zu lassen. Der Handel, der übrigens hauptsächlich mit jüdischen Geschäftsleuten abgewickelt wurde, verlief, auch dank Hanischs Schläue ziemlich gut. Der gerade 21-Jährige Hitler konnte erstmals in seinem Leben selbst für seinen Unterhalt aufkommen, auch wenn dieser Unterhalt ziemlich bescheiden und der Arbeitsalltag ziemlich monoton gewesen sein dürfte. Hitler kopierte im Akkord Kupferstiche mit Ansichten von Wien, die dann um drei bis fünf Kronen verkauft wurden. Das Geschäft mit den Bildern aber sollte nicht auf Dauer gut gehen, Hanisch und Hitler zerstritten sich und Hanisch ging schließlich – auch weil Hitler vor der Polizei gegen ihn ausgesagt hatte – ins Gefängnis.

Hitler selbst schätzt die Qualität seiner Arbeit, vor allem aber ihren künstlerischen Wert, ziemlich gering ein: „Ich wollte ja kein Maler werden. Ich habe diese Sachen nur gemalt, damit ich meinen Lebensunterhalt verdienen und studieren konnte", meint er später über diese Zeit. Das, was er da fabriziert habe, sei „Lohnarbeit im Auftrag des Verbrauchers, nichts anderes als die kunstvolle Torte eines Konditors oder die Brötchen, die der Bäcker zum Morgenkaffee schickt". Als die Bilder Jahre später, nach Hitlers Machtergreifung, auf einmal als große Kunstwerke gehandelt wurden und entsprechende Preise erzielten, war das dem Diktator sogar selbst peinlich. Der „echte Hitler", der um 10 000 Reichsmark gehandelt wurde, sei gerade einmal ein Zehntel davon wert: „Es ist Wahnsinn, wenn man dafür mehr Geld hergibt." Der Gauner Hanisch, der seine Chance auf das große Geld witterte, war inzwischen wieder aktiv geworden und schleuste Unmengen von angeblich „echten Hitlers" in den Markt. Die einst im Akkord gefertigten Bildchen ließen sich ziemlich leicht kopieren. Das Hauptarchiv der NSDAP in München musste eine eigene Einheit von Spezialisten zusammenstellen, die sich auf die Jagd nach den Fälschungen machen sollten, um sie aus dem Verkehr zu ziehen. Schließlich ließ man den Verkauf sogar verbieten und Hanisch ging wieder einmal ins Gefängnis.

Während Hitler von den Postkarten und Stadtansichten später nichts mehr wissen wollte, blieben ihm seine Architekturzeichnungen aus dieser Zeit immer wichtig. Leider, so vermerkte er selbst, seien sie fast alle verloren gegangen.

Dass Hitler auch in seinen ersten Jahren in Wien an seiner Leidenschaft für Architektur festhielt, belegen aber die Erinnerungen von Zeitzeugen wie Kubizek. Der war seinem Freund inzwischen nach Wien gefolgt und berichtet, dass dieser ständig damit beschäftigt sei, in seiner Fantasie Wien gänzlich neu zu bauen. Er habe Museen, Schlösser und öffentliche Plätze entworfen und sich auch mit den Planungen für hygienische geräumige Arbeiterwohnungen beschäftigt. So sollte der Bau von Arbeiterwohnsiedlungen später zu den Kernstücken nationalsozialistischer Architektur gehören, in Linz etwa entstanden Hunderte Wohnungen dieser Art.

Nach dem Ende der Zusammenarbeit mit Hanisch – zumindest nehmen das die Kunsthistoriker an – soll sich Hitler wieder verstärkt mit Architektur beschäftigt haben, er arbeitete vermutlich sogar als Architekturzeichner im Büro des bekannten Stadtplaners und Architekten Max Fabiani. Der erhielt zahlreiche öffentliche Großaufträge wie etwa die Wiener Urania, und so konnte sich der junge Zeichner auch wieder mit Prachtgebäuden, oder zumindest einigen Details dieser Gebäude, beschäftigen. Wirklich anhaltenden Erfolg aber hatte das „Naturtalent" Hitler damit auch nicht. Fabiani wurde ihn offensichtlich ziemlich rasch los, was Hitler endgültig zu der Überzeugung brachte, dass eine Stadt wie Wien kein Verständnis für ihn hatte, weswegen er 1913 nach München zog.

Dort meldete er sich gleich in seinem ersten Quartier als „Architekturmaler aus Wien" an und versuchte, in einem großen Architekturbüro als Zeichner unterzukommen. Auch in München blieb sein Einkommen so bescheiden, dass er Stadtansichten malen musste, um irgendwie über die Runden zu kommen.

Wirklich große künstlerische Leistungen hat der junge Oberösterreicher nach dem Urteil der Kunsthistoriker auch in München nicht vollbracht. Er soll über lange Zeit einfach in den Tag hinein gelebt haben. Um eine Aufnahme an der Akademie bemühte er sich nach den Erfahrungen in Wien nicht mehr, umso mehr, als er ja inzwischen von sich als Autodidakt völlig eingenommen war. Wie stark die Begeisterung ihn tatsächlich erfasst hatte, macht er selbst deutlich: „Dass ich dabei mit Feuereifer meiner Liebe zur Baukunst diente, war natürlich. Meine Beschäftigung mit ihr war unter solchen Umständen auch keine Arbeit, sondern höchstes Glück. So verstärkte sich mein Glaube, dass mir mein schöner Zukunftstraum, wenn auch nach langen Jahren, doch Wirklichkeit werden würde. Ich war fest überzeugt, als Baumeister mir dereinst einen Namen zu machen."

So fest war der Begriff des Baumeisters und die dazugehörige Überzeugung in Hitler verankert, dass die Nazi-Propaganda und ihr *Master Mind* Joseph Goebbels später daraus einen Zentralbegriff in der Hitler-Darstellung machen sollten. „Der Baumeister des Reiches" war ein Topos in vielen Reden des Propagandaministers, der auch gerne davon sprach, dass „unser Führer ein großer Künstler" sei. „Er ist von Hause aus Baumeister und hat es auch später öfter lächelnd gesagt, dass er in seiner Jugend die Absicht gehabt habe, zu bauen."

Dass es wohl etwas mehr als Absicht war, zeigt die Hingabe, mit der sich Hitler in sein Selbststudium stürzte. „Unermüdlich zeichnete er", erzählt Kubizek. „Ich erinnere mich nicht, dass Adolf jemals eine Gelegenheit gesucht hätte, seine Kenntnisse praktisch zu erproben, oder doch an seminarmäßigen Übungen im Bauzeichnen teilnehmen zu können. Es war ihm gar nicht darum zu tun, mit Menschen gleicher beruflicher Interessen zusammenzukommen. Viel lieber als mit Fachkundigen zusammenzutreffen, saß er allein auf seiner Bank und führte an Hand seiner Bücher in Gedanken Zwiegespräche mit sich selbst."

Der mangelnde Außenkontakt ließ die Überschätzung der eigenen Fähigkeiten offensichtlich noch weiter anwachsen. Ohne jemals eine Ausbildung genossen zu haben oder länger in einem Architekturbüro tätig gewesen zu sein, begann Hitler, sich an öffentlichen Ausschreibungen zu beteiligen. Er selbst gestand das später im Krieg gegenüber Vertrauten ein: „Und als die Entwürfe zum Bau der Oper in Berlin publiziert wurden, hat mir das Herz geklopft, wenn ich mir sagen musste, viele schlechter als, was du selbst geplant hast."

Trotz seines Größenwahns muss dem jungen Mann in München völlig klar gewesen sein, dass er nicht die geringste Chance hatte, mit seinen Entwürfen ernst genommen zu werden. Doch das fügte sich ja bestens in das inzwischen kultivierte Bild des verkannten Genies. „Und wenn ich einen Preis gewonnen hätte", sollte er später schreiben, „würden die Leute sehen, der Kerl kann was."

Dass Hitler sich bei all diesen Hirngespinsten zumindest solide Kenntnisse über den Bau von Theatern und Museen zugelegt hatte, zeigt das Fachwissen, mit dem er später als Herrscher über halb Europa seine Umgebung oft überraschte. So soll er beim ersten Besuch in der Pariser Oper nach der Kapitulation Frankreichs nach einem Raum gefragt haben, den er aus den Plänen offensichtlich kannte, jetzt aber nicht finden konnte. Dieser war tatsächlich bei Umbauarbeiten entfernt worden. Sein Architekt Albert Speer jedenfalls hielt fest, dass er „mit verblüffender Detailkenntnis die Größe der Bühnenöffnung, die Tiefe und Höhe der Bühne, die Zahl der Besucher scheinbar von allen wichtigen Theatern Europas aus dem Stehgreif aufsagen konnte." „Auf das Theatergebiet habe ich mich spezialisiert", sollte er als Reichskanzler über diese Jahre sagen.

In den Ersten Weltkrieg, zu dem er sich bereits im August 1914 als Freiwilliger meldete, nahm Hitler also nicht nur seinen bereits erwähnten zerlesenen Schopenhauer, sondern auch seine Malutensilien mit. Er setzte das Zeichnen und Aquarellieren als Soldat fort.

Auch als Hitler, geschmückt mit dem Eisernen Kreuz I. und II. Klasse, 1918 nach München heimkehrte und die Zeit der politischen Agitation begann, gab er sich weiter als Künstler. Er wohnte im Künstlerviertel Schwabing und zeigte sich dort mit langem schwarzen Mantel und breitrandigem Schlapphut. Für die neu gegründete NSDAP, die in ihrer ersten Zeit auch ein Auffanglager für Bohemiens aus der Künstlerszene war, machte er anfangs auch künstlerische Entwürfe. So stammen die Parteifahnen oder das Zeichen der SA-Standarte von ihm.

In den kommenden Jahren sollte ihn die politische Agitation völlig in Anspruch nehmen und ihn schließlich, nach dem gescheiterten Putsch 1923, ins Gefängnis Landsberg bringen. Dort aber taucht zum ersten Mal die zentrale künstlerische Vision Hitlers auf, die ihn bis zu seinem Ende im Bunker begleiten sollte: ein Museum für die deutsche Kunst.

In Landsberg soll er zuerst ausführlich die entsprechenden historischen Bauwerke in anderen europäischen Ländern studiert haben. Obwohl er Wien ja längst zu seinem Feindbild gemacht hatte, spielt die Architektur der Stadt, vor allem aus der späten Kaiserzeit, immer noch eine zentrale Rolle in seinen Vorstellungen von Prunk und staatstragender Größe.

Freund Kubizek äußert sich ausführlich über Hitlers persönlichen Geschmack, was Baudenkmäler anbelangt: „Die Bauten der Barockzeit liebte Adolf überhaupt nicht, sie waren ihm zu überladen … Er hing mit einseitiger Vorliebe an diesen Ringstraßenbauten. Das Burgtheater, das er besonders bewunderte, war Spätrenaissance. […] Freilich war ihnen allen ein Zug ins Große, Repräsentative eigen, der meinen Freund besonders anzog."

Geprägt von diesen Vorbildern, begann er neben der Arbeit an „Mein Kampf" mit den Skizzen für dieses „Deutsche Nationalmuseum". Dabei, wie die erhaltenen Unterlagen zeigen, vertiefte er sich nicht nur in architektonische Details, sondern befasste sich auch bereits ausführlich mit der Verteilung der Maler und Epochen auf die entsprechenden Räume. Sichtlich geprägt war er dabei von seinen Eindrücken der Berliner Nationalgalerie auf der Museumsinsel. Erst unmittelbar vor dem November-Putsch war er mit einem befreundeten Münchner Galeristen dorthin gereist, um bei vermögenden Gesinnungsgenossen Geld für die NSDAP aufzutreiben. Der Freund, obwohl selbst ein professioneller Kunsthändler, war von Hitlers Besuchseifer völlig überfordert gewesen. Hitler habe ihn im Museum von einem Ende zum anderen geschleift und ihn mit so vielen Detailkenntnissen über sämtliche Exponate überhäuft, „dass es einem pflichteifrigen Museumsführer alle Ehre gemacht hätte".

Trotz all dieses Eifers besaß Hitler damals noch keinerlei ernst zu nehmendes oder grundlegendes Wissen über Kunst und Kunstgeschichte. So teilte er in der Gefängniszelle die insgesamt 60 Räume seines riesigen Nationalmuseums großzügig seinen persönlichen Lieblingsmalern zu, vor allem jenen aus dem 19. Jahrhundert, die er in den Münchner Galerien und Museen kennengelernt hatte. Hitlers Kunstgeschmack entsprach damals weitgehend dem, was man in bürgerlichen Münchner Kreisen als gute Kunst empfand: deutsche Malerei von den Spätromantikern wie Moritz von Schwind oder Carl Spitzweg bis zu Realisten wie Adolph Menzel. Bei Spitzweg kam dazu, dass er, wie Hitler immer wieder erwähnte, eigentlich gelernter Apotheker und als Maler Autodidakt gewesen war – ein Werdegang, in dem Hitler Ähnlichkeiten zu seinem eigenen zu erkennen glaubte.

Die Darstellung Hitlers als Künstler und Kunstfreund setzte sich nach seiner Machtübernahme in der staatlichen Propaganda fort. „Das Künstlerische kommt in allen seinen Lebensäußerungen zum Ausdruck und ist in jedem Zusammenhang wesentlich", durfte eine pseudo-biografische Propagandaschrift lobhudeln. Heinrich Hoffmann, ein alter Freund aus der Münchner Künstlerszene, hatte als Hitlers Leibfotograf Karriere gemacht und ging jetzt daran, aufwendige Propaganda über den Künstler in der Reichskanzlei zu produzieren. Er sollte Millionen mit diesen Staatsaufträgen verdienen. „Hitler, wie ihn keiner kennt" ist einer jener Bildbände, die bald nach der Machtergreifung publiziert wurden, darin finden sich auch zwei Aquarelle, die er während des Ersten Weltkriegs in Frankreich gezeichnet hatte. Hoffmann ließ diese mit dem Kommentar versehen, es seien „Belege für die große Begabung, die Hitler veranlasste, seinen eigentlichen Beruf in der Architektur zu sehen". Wenig später wurde eine ganze Sammlung von Architekturzeichnungen veröffentlicht. Ein Kunsthistoriker der Münchner Akademie verfasste hymnische Besprechungen über die Bilder, in denen man nicht nur den „geborenen und geschulten Architekten" erkenne, sondern natürlich auch die außerordentliche Begabung als Maler.

In einer späteren Ausgabe dieses Buchs durfte dann schon Hoffmanns Schwiegersohn Baldur von Schirach, der spätere Gauleiter von Wien, einen Text verfassen. Es ist die erwartete Eloge der Fähigkeiten des einst so verkannten Künstlers, die in dem Satz gipfelt: „Er ist zugleich der erste Führer und der erste Künstler unseres Reiches."

Der Künstler und Kunstliebhaber an der Spitze blieb also ein Leitmotiv in den Jahren nach der Machtergreifung. Die Ausstattung der Amtsräume, aber auch der privaten Wohnsitze des neuen Reichskanzlers, mit repräsentativer deutscher Kunst war eine bis ins Detail durchdachte Inszenierung von Persönlichkeit und Kunstsinn ihres Bewohners. Hitler hielt regelmäßig Reden zur Kunst. Die „Große Deutsche Kunstausstellung" 1937 wurde zum historischen Ereignis, zum Neubeginn der deutschen Kunst stilisiert, die Ausstellung „Entartete Kunst" zu ihrem für die Propaganda ebenso wichtigen Gegenstück. Hitlers Verhältnis zur Kunst weiter auszuführen, würde den Rahmen dieses Buches sprengen, wichtig ist nur, dass schon jetzt das zentrale Element der Nazi-Kulturpolitik die Architektur war. Sie war die Staatskunst des Dritten Reiches und in ihr versuchte sich der Diktator mit Hilfe seiner Architekten künstlerisch zu verwirklichen. Bis zuletzt, als diese Verwirklichung nur noch modellhaft im Führerbunker stattfand, hielt er daran fest.

Für den Zeichner, der als Jugendlicher schon ein neues Theater für Linz skizziert, der völlig chancenlos am Wettbewerb für eine Oper in Berlin teilgenommen und im Gefängnis eine Nationalgalerie entworfen hatte, waren Kunsttempel der Inbegriff der Staatskunst schlechthin. Das erste Staatsgebäude, das in Hitlers Auftrag entstand, musste daher unweigerlich ein solcher Kunsttempel sein: das Haus der Deutschen Kunst in München. Paul Ludwig Troost, der erste einer langen Reihe von Lieblingsarchitekten Hitlers, schuf den frühesten Monumentalbau der Nazis. Die ganze Formensprache nationalsozialistischer Architektur kommt darin schon vollständig zum Ausdruck. Es ist die Formensprache, die der verunglückte Kunststudent aus Braunau an der Wiener Ringstraßenarchitektur so bewundert hatte. Im kühlen, wuchtigen Klassizismus des Museums in München finden sich viele Elemente dieser Gebäude wieder – allerdings ins Gigantomanische vergrößert und verzerrt: ein Portikus mit 21 kolossalen Säulen auf beiden Seiten des Gebäudes, ein zentraler Saal über zwei Stockwerke, in den durch riesige Oberlichten Tageslicht dringt. Es sind Hitlers Vorstellungen, seine Ideen von Größe, denen Troost eine Form gegeben hatte. Passend das Motto, das auf einer Bronzetafel über dem Eingang stand: „Die Kunst ist eine erhebende und zum Fanatismus verpflichtende Mission."

Doch die deutsche Kunst sollte Hitlers Vorstellungen nicht genügen. Am deutlichsten wird das bei der bereits erwähnten Deutschen Kunstausstellung. Schon vorab hatte er bei einer Besichtigung Dutzende Bilder, die er für minderwertig hielt, entfernen lassen. Dabei lösten einzelne Bilder bei ihm regelrecht Wutanfälle aus. „Der Führer tobt vor Wut", schreibt Propagandaminister Goebbels, der ihn begleitete, in sein Tagebuch und ergänzt pflichtschuldig: „Man hat hier Stücke dabei, die einem regelrecht das Grausen beibringen."

Der Streit über die Ausstellung sollte noch Monate andauern, in Hitler aber verstärkte sich die lange gehegte Überzeugung, dass er selbst eine Sammlung anlegen musste, die zum Vorbild für die deutsche Kunst werden sollte. Seit Jahren schon sammelte er Kunst, und die Bilder, die in seinen Amtsräumen und Wohnsitzen hingen, wurden von ihm persönlich ausgesucht und zusammengestellt. Von nun an aber sollte es um mehr gehen: um eine Gemäldesammlung, die Kunstgeschichte schreiben sollte. Die Idee des Führermuseums wurde erstmals konkret. Schon die Finanzierung sollte deutlich machen, dass dieses Museum kein Projekt des Staates, sondern sein persönliches war. Der sogenannte „Kulturfonds" wurde geschaffen. Gespeist etwa aus Briefmarkenverkäufen mit dem Konterfei Hitlers, stand er allein ihm zur Verfügung – zum Beispiel, um Kunst in dem gigantischen Ausmaß zu kaufen, wie er es für sein Museum für richtig hielt.

Die ersten Ankäufe wurden im „Führerbau" in München zusammengetragen, dem zweiten Gebäude, das Lieblingsarchitekt Troost errichtet hatte. Inzwischen aber war Österreich wieder ins Blickfeld gerückt. Es war 1938 und der „Anschluss" nur noch eine Frage von Monaten. Für Hitler war es an der Zeit, sich an seine Jugendträume von Linz zu erinnern.

Am 12. März zog er im offenen Wagen im Triumph in Linz ein. Es sollte keine Woche vergehen, da saß Hitler schon den Stadtverantwortlichen gegenüber, erklärte sich zum Paten der Stadt und erläuterte seine seit Jahrzehnten gehegten Pläne für deren Neugestaltung. Der Bürgermeister nützte die Gelegenheit und klagte ausführlich über den Mangel an großzügigen Räumlichkeiten für die Kunst, das Landesmuseum platze aus allen Nähten. Beim ersten offiziellen Besuch des völlig überfüllten Museums wurden die Pläne schon konkreter. Ein neuer Zubau war ohnehin seit Jahren angedacht, bisher aber am fehlenden Geld gescheitert. Doch Hitler schwebte weit mehr als ein Zubau vor. Er wollte eine Gemäldegalerie, ein Museum schaffen, das Museum für seine persönliche Sammlung, für sein Idealbild der deutschen Kunst: das „Führermuseum".

Die Idee nahm ihn offensichtlich sofort völlig gefangen. Die Krise mit der Tschechoslowakei, die Hitler über Monate hartnäckig angefacht hatte, stand vor der Eskalation. Doch der Reichskanzler war in diesen entscheidenden Tagen im Sommer 1938 nicht in der politischen Schaltzentrale Berlin, sondern saß auf dem Obersalzberg und beriet sich mit dem Direktor des Landesmuseums. Über Stiftungspläne, Flächenwidmungen, Zubauten wurde hin und her gedacht – und mit jeder Besprechung wurden die Pläne umfassender.

In diese Zeit der ersten, noch vergleichsweise bescheidenen Planungen fiel ein Staatsbesuch in Italien. Und den nützte der Kunstliebhaber natürlich für ausführliche Museumsbesuche. Gastgeber Mussolini, der für Kunst ausgesprochen wenig übrig hatte, musste sich durch ein endloses Besuchsprogramm hindurchquälen: Galerien, Ausstellungen und natürlich die großen Museen in Rom, Neapel und Florenz. Während der italienische Diktator zunehmend entnervt war, laut Bemerkungen wie „all diese Bilder" machte und schließlich mit seinem Gefolge zu anderen Terminen flüchtete, vertiefte sich Hitler immer mehr in die Bilder. Wie stark ihn viele davon persönlich berührten, macht die Beschreibung eines Begleiters und Übersetzers deutlich, der vermerkte, wie sich die Begeisterung des Gastes manchmal in einem tiefen Röcheln Luft gemacht habe. „Wenn ich Privatmann wäre, würde ich wochenlang hier bleiben. Manchmal tut's mir leid, Politiker geworden zu sein", meinte er beim Verlassen eines Museums und verlor sich in Gedankenspielen über spätere Jahre, wenn in Deutschland „alles in Ordnung gebracht" wäre: Dann würde er ein Häuschen in Rom mieten und anonym die Museen besuchen. „Wenn der schreckliche Krieg endlich zu Ende ist", nahm er seinen eigenen Eroberungsfeldzug durch Europa voraus, „will ich in den Albaner Bergen zeichnen und malen."

Jetzt aber musste er zuerst sein eigenes Museum schaffen, ein Museum, das durch die Eindrücke in Italien eine neue Dimension erhalten hatte. In einem Atemzug mit den Uffizien sollte das Führermuseum später genannt werden, das war der Wunsch, den er von nun an äußerte. Und mehr als zuvor war dieses Projekt auch von der politischen Ideologie der Nazis geprägt. Dem Bolschewismus und dem Weltjudentum wolle er mit seinen Plänen entgegentreten, ereiferte sich Hitler in Florenz: „Hätte in Deutschland der Nationalsozialismus nicht in letzter Stunde gesiegt und den jüdischen Weltfeind zu Boden geworfen, dann würde [...] auch die Entwertung und Entfremdung unserer Kunst planmäßig fortgeschritten sein."

Nach der Rückkehr zog Hitler seinen Architekten Albert Speer zu den Gesprächen hinzu, erteilte ihm den Auftrag, ein neues Museum für Linz zu entwerfen. Der Traum vom „europäischen Kunstzentrum" nahm Gestalt an. Der Raubzug für dieses Museum, der quer durch das von der deutschen Armee überrollte Europa führen sollte, aber hatte bereits begonnen.

Der Raubzug beginnt

„Haussuchung. Haussuchung bedeutet: Jede Schublade wird herausgerissen, der Inhalt jedes Schranks wird herausgezerrt, jedes Schmuckstück wird unter die Lupe genommen. Wissen Sie, wie viele Sachen in diesem Haus sind, wie viele Schubladen in diesen Räumen? Die Gestapo-Beamten gehen methodisch vor. Sie haben keine Eile. Sie sind keine Wilden. Die Schubladen in den kleinen Tischen im Salon werden durchwühlt, Papier fliegt herum. Das Arbeitszimmer wird auseinandergenommen ... Bilder werden von der Wand genommen, die Keilrahmen geprüft. Die Wandteppiche im Esszimmer, hinter denen sich die Kinder zu verstecken pflegten, werden von der Wand gerissen." An einem Märztag bricht der Schrecken in Form von sechs tadellos gekleideten Gestapo-Beamten über die Familie Ephrussi und ihr Palais in der Ringstraße gegenüber der Universität herein. Mehr als siebzig Jahre danach kehrt ein Enkel in das Haus zurück, in dem heute die Zentrale der Casinos Austria untergebracht ist. Streift als Fremder durch die Räume, in die die Familie nie wieder zurückkehren sollte, sucht nach Gegenständen, die er nur aus Erzählungen kennt. Edmund de Waals „Der Hase mit den Bernsteinaugen" enthält eine der persönlichsten, schlichtesten und damit beeindruckendsten Schilderungen der Vernichtung und systematischen Auslöschung jüdischen Lebens in Wien durch die Nationalsozialisten. Die Schlüsselstelle dieses melancholisch zwischen Zeiten und Welten wandernden Romans ist die Beschreibung dieser Märztage des Jahres 1938. Es waren gerade einmal 24 Stunden vergangen, seit die deutsche Armee die Grenze nach Österreich überschritten hatte. Und es hatte nicht einmal so lange gebraucht, um in Wien einen Taumel aus trunkener

Siegesfreude, Hass und offenem Antisemitismus ausbrechen zu lassen. Durch die Straßen der Hauptstadt tobte der Mob. SA-Männer, viele in der so lange verbotenen Uniform, andere schlicht mit einer Hakenkreuzbinde um den Arm, drangen in jüdische Geschäfte und Wohnungen ein: Türen wurden aufgebrochen, Auslagenscheiben zerschlagen. Hinter den Uniformierten drängten sich die Mitläufer, die oft nicht der Hass, sondern die nackte Gier antrieb. Man schaute, was es zu holen gab, in den Vitrinen des Uhrmachers oder vielleicht in der Wohnung des jüdischen Nachbarn, dessen Adresse man gerade an die SA-Milizmänner weitergegeben hatte. Schon in diesen ersten Stunden und Tagen nach dem Einmarsch gingen Kommandos der SA und der Gestapo systematisch bei den Plünderungen vor. Seit Jahren schon hatte man in Vorbereitung auf den „Anschluss" Österreichs Proskriptionslisten erstellt, auf denen die Namen jener Bürger eingetragen waren, bei denen sich eine Hausdurchsuchung am besten bezahlt machen würde, und diese Listen sollten in den kommenden Wochen konsequent abgearbeitet werden. „Hunderte solcher Privatraubzüge wurden durchgeführt", schreibt der britische Reporter und Zeitzeuge G.E. Geyde in seinem Klassiker „Die Bastionen fielen": „Mir selbst sind Fälle bekannt, in denen sich die Räuber einer zynischen Höflichkeit befleißigten, ebenso wie andere, in denen es zu brutalen Gewalttätigkeiten kam. So wurden Möbel zerschlagen, Spiegel zerschossen und Ölgemälde zerfetzt."

Draußen auf den Straßen fanden unterdessen die ersten der berüchtigten „Reibepartien" statt, jüdische Mitbürger wurden gezwungen, die Trottoirs auf den Knien aufzuwaschen. „SA-Leute schleppten einen bejahrten jüdischen Arbeiter und seine Frau durch die Beifall klatschende Menge. Tränen rollten der alten Frau über die Wangen … ‚Arbeit für die Juden, endlich Arbeit für die Juden!', heulte die Menge. ‚Wir danken unserem Führer, er hat uns Arbeit für die Juden beschafft.' "

Es waren die ersten Stunden des Naziterrors in Wien, getragen von Menschen, die zum ersten Mal in ihrem Leben das Gefühl hatten, Herren zu sein – Herren über die Straße, aber auch über die Güter und Vermögen, auf die sie so lange neidvoll gestarrt hatten. In der ganzen Stadt, vor allem aber in den jüdischen Vierteln im ersten Bezirk und in der Leopoldstadt, gerieten die Gewalt und die Plünderungen oft völlig außer Kontrolle. „Ein Lastkraftwagen, besetzt mit 15–20 SA-Leuten, fuhr um 8 Uhr früh in die Fabrik ein", beschreibt ein Mitarbeiter die Plünderung einer jüdischen Firma im Bezirk Döbling: „Sie besetzten die Ausgänge mit gezogenen Revolvern, [...] nahmen die Fabrikskasse an sich und beraubten die Schreibtische beider Chefs aller Wertgegenstände. Sie mussten sich einer Leibesvisitation unterziehen lassen."

Schon in diesen ersten Tagen der NS-Diktatur in Österreich wurden Unmengen an jüdischem Vermögen geraubt. Nicht nur bei den Ephrussis wurden Gobelins von den Wänden gerissen und davongeschleppt, in der bürgerlichen Josefstadt holten sich Wiener das Silberbesteck aus den ohnehin schon von der SA aufgebrochenen Nachbarwohnungen. „In vielen jüdischen Häusern sind Sturmtruppen erschienen, welche Geld und Juwelen weggeschleppt haben", schreibt ein Reporter der britischen *Times*: „In jüdischen Wohnungen können zu allen Tag- und Nachtstunden Untersuchungen vorgenommen und diese von Gangstern, die sich als SA-Männer ausgeben, geplündert werden."

So heftig waren diese Ausschreitungen, so hemmungslos die Gier vieler, dass die bereits unter NS-Kontrolle gebrachte Verwaltung eilig Erlässe herausgab, um die Plünderungen zu stoppen.

Jüdische Bürger, denen es noch irgendwie möglich war, versuchten zu fliehen. Die Züge ins neutrale Ausland wie die Schweiz oder die Niederlande waren schon Tage vor dem Einmarsch hoffnungslos überfüllt und die Situation wurde täglich schlimmer. Viele private Kunstsammler wendeten sich in diesen Tagen an einen Kunsthändler, versuchten rasch zu Geld zu kommen, um die mit dem „Anschluss" eingeführte „Reichsfluchtsteuer" und andere schikanöse neue Abgaben zu bezahlen. Manche fanden rechtzeitig einen Bekannten, einen befreundeten Kunst-

händler, der einen fairen Preis zahlte, andere wurden von Glücks-
rittern, die ihre einzigartige Chance witterten, mitleidlos über
den Tisch gezogen. Gemälde, Möbel, Wohnungen, ganze Häuser
wechselten jetzt über Nacht den Besitzer.

So erinnert sich etwa die Wiener Zoologin Doris Baumann
daran, wie der Notverkauf der Häuser ihres Vaters ablief: „Das
einzige, was noch da war an Vermögen, war der Hausbesitz. Da
mussten zwei Häuser am Ring verkauft werden. Und da weiß ich
eben noch, dass der Papa einem Herren nachgelaufen ist, damit er
die Häuser kauft … Natürlich haben die Leute auch von dieser
Zwangslage gewusst. Das ist ihnen natürlich nicht anzulasten, dass
sie nicht den vollen Preis gezahlt haben. Aber ich weiß andererseits,
dass sowohl Onkel Karl wie Papa, die beide wegwollten, dem
Herren nachgerannt sind und gesagt haben: ‚Bitte überlegen Sie es
sich nicht mehr lange. Zahlen Sie, was Sie wollen. Wir müssen weg,
wir brauchen dieses Geld.‘ Natürlich war es ein lächerlicher Preis.“

Doch auch das Geld aus diesen Notverkäufen sollte vielen der
Abreisenden wieder abgenommen werden. An den Bahnhöfen
wurden sie von der SA erwartet und durchsucht: Was sie an
Devisen und Valuten bei sich hatten, wurde konfisziert. Manche
der Züge wurden noch nach dem Verlassen der Hauptstadt auf
freiem Feld angehalten und durchforstet. Das Bahnpersonal, wie
die *Wiener Neuesten Nachrichten* im Jargon der bereits gleichge-
schalteten Medien berichteten, assistierte bereitwillig bei der
menschenverachtenden Razzia: „Die Beamten wurden von dem
Bahnpersonal in jeder Hinsicht unterstützt. Einige Eisenbahner
verhinderten durch ihr Eingreifen die Flucht einiger Juden, die
mit Geldtaschen über den finsteren Bahndamm entkommen
wollten. […] Es ist Vorsorge getroffen, dass auch andere nach
dem Ausland abgehende Züge genau kontrolliert werden, um
eine Verschleppung von Vermögensbeständen und somit eine
Schädigung der österreichischen Volkswirtschaft durch volks-
fremde Elemente hintanzuhalten.“

Nach dem gewalttätigen Chaos der ersten Tage wurde die Enteignung zunehmend systematisiert. Die Gestapo plünderte nicht,

sie erfasste, erstellte Listen. Und dafür holte sie sich Experten, gestellt von allen bedeutenden Kunstinstitutionen der Hauptstadt, vom Kunsthistorischen Museum, vom Denkmalamt, von der Kunstakademie, aber natürlich auch Wiener Kunsthändler.

Sie alle begannen im Auftrag der Gestapo mit der systematischen Erfassung von Kunst und Kunsthandwerk in jüdischem Besitz. In de Waals Buch liest sich das so: „Das Haus gehört ihnen nicht mehr. Es ist voller Menschen, manche in Uniform, andere in Anzügen. Leute zählen die Räume, fertigen Listen der Kunstgegenstände und Bilder an, schaffen Sachen weg. [...] Es geht nicht nur um Kunst, um die Nippes, all die vergoldeten Sachen von den Tischen und Kaminsimsen, auch um Kleidung, um Emmys Wintermäntel, eine Kiste voller Haushaltsporzellan, eine Lampe, ein Bündel Regenschirme und Spazierstöcke. [...] Es ist das seltsame Auflösen einer Sammlung, eines Hauses, einer Familie."

Die Haushalte und Sammlungen der wohlhabenden jüdischen Familien wurden methodisch erfasst und ausgeräumt. Wer die Listen, die von den Experten angelegt worden sind, heute genauer betrachtet, ist von der Detailliertheit unweigerlich irritiert. Jedes kostbare Glas, jede Vase, jede Dose, die auch nur ein bisschen verziert war, landete auf diesen Listen – und damit unweigerlich in den Händen der NS-Verwaltung. Die Experten fungierten als Schätzmeister, erfassten den Wert jedes Objekts, versuchten ihn zu beziffern.

Jüdische Galerien, Antiquitätengeschäfte und natürlich Kunsthandlungen wurden „arisiert". Die „Verordnung zur Ausschaltung der Juden aus dem deutschen Wirtschaftsleben" legalisierte die Enteignung. Oft wurden nicht-jüdische Kunsthändler als kommissarische Verwalter eingesetzt, viele nützten die Chance, um sich so über Nacht zu bereichern. Natürlich wurden auch hier NS-Parteigenossen immer bevorzugt bedient.

Um die privaten Vermögen, die Sammlungen, den antiken Hausrat ihren Besitzern wegzunehmen, bediente man sich eines ganzen Konvoluts von Gesetzen und Erlässen, die allesamt nur ein Ziel hatten: der brutalen Enteignung eine scheinbar rechtsstaatliche Grundlage zu geben. Das wichtigste Instrument in den Händen der Behörden war die bereits erwähnte „Reichsfluchtsteuer". Eigentlich war diese noch im demokratischen Deutschland eingeführt worden. Auf dem Höhepunkt der Wirtschaftskrise sollte sie die Vermögenden davon abhalten, Wertgegenstände auf der Flucht vor der galoppierenden Inflation ins Ausland zu schaffen. Unter der NS-Diktatur aber wurde sie zum effektivsten Instrument, um mit jüdischem Vermögen die Staatskasse zu füllen. Man machte daraus eine Abgabe, die jeder jüdische Mitbürger, der das Land verlassen wollte, zu leisten hatte. Offiziell wurde ein Viertel des Vermögens eines Auswanderers eingefordert, oft aber wurden Summen im Handumdrehen und völlig willkürlich festgelegt.

Je mehr Vermögen die Schätzmeister in den jeweiligen Haushalten festgestellt hatten, desto höher wurde die Steuer veranschlagt. Das Ziel war, die Besitzer entweder dazu zu bringen, alles rasch und unter massivem Druck zu verkaufen, oder, wenn dazu keine Gelegenheit mehr bestand, den Besitz zu konfiszieren und schließlich – zu Gunsten der Staatskasse – zu versteigern.

Es gab nicht nur die „Reichsfluchtsteuer", sondern unzählige andere Zwangsabgaben, die jetzt Juden auferlegt wurden. Da wurde etwa die „Judenvermögensabgabe" eingeführt, die zusätzlich eingehoben wurde, es gab eine „Entjudungsauflage", die vor allem dazu verwendet wurde, um Wohnungen vor dem Verkauf komplett zu entwerten. Danach bekamen Parteimitglieder oder deren Günstlinge die Wohnung um den jetzt amtlichen Spottpreis. Es gab eine „Sühneabgabe" für Personen, denen man unterstellte, mit der österreichischen Regierung vor dem Einmarsch zusammengearbeitet zu haben. Solche Vorwürfe konnten aber ebenso gut dafür eingesetzt werden, um die betroffenen Personen geradewegs zu enteignen. Doch auch dafür, so verlangte es die Bürokratie, mussten die Betroffenen zumindest ihre Unterschrift unter die Dokumente setzen, die sie als staatsfeindliche Subjekte denunzierten, und diese Geständnisse presste man ihnen mit Gewalt ab. Die Ephrussis etwa wurden von der Gestapo verhaftet und so lange mit dem Abtransport ins KZ Dachau bedroht, bis sie schließlich die Papiere unterschrieben, mit denen ihr ganzer Besitz arisiert wurde. Die gesamte Kunstsammlung ging in das Eigentum des Staates über. Wilhelm Freund, Sohn und Alleinerbe des Bankdirektors Richard, studierte zum Zeitpunkt des „Anschlusses" in Oxford. Grund genug für das Denkmalamt, eine mögliche Verbringung seiner in Wien deponierten Kunstsammlung ins Ausland zu vermuten und diese sofort „sicherzustellen", also zu beschlagnahmen. Das Kunsthistorische Museum übernahm die Bilder und setzte sie auf die sogenannte „Reichsliste" besonders schützenswerter Gegenstände. Mit dem in Oxford sitzenden Freund fing die Behörde an, auf skrupellose Weise zu feilschen. Man versprach ihm, die Ausfuhr einiger für ihn persönlich besonders wertvoller Gegenstände zu genehmigen, wenn er dafür dem Verkauf eines Bildes an die Österreichische Galerie zustimme. Freund ließ sich erpressen, aber der üble Handel kam nie zustande, weil die Ausfuhr aus irgendeinem fadenscheinigen bürokratischen Grund nicht genehmigt wurde. Seine Besitztümer landeten schließlich bei einer Versteigerung.

Eine zentrale Rolle bei diesen Versteigerungen übernahm das Dorotheum. Sofort nach dem „Anschluss" unter die Leitung von zwei Nationalsozialisten gestellt, versteigerte das traditionelle Auktionshaus ab März 1938 im Akkord konfisziertes oder – wie es im Technokratendeutsch der Gestapo oft hieß – „sichergestelltes" jüdisches Eigentum – Möbel, Kunsthandwerk, Hausrat von der Vase bis zum Silberbesteck. Die Parteigenossen Franz Hofbauer und Anton Jennewein machten das Unternehmen in der Wiener Dorotheergasse zum zentralen Umschlagplatz des NS-Raubzugs, ohne sich allerdings jemals direkt daran zu beteiligen. Das Dorotheum übernahm die beschlagnahmten Güter, die durch die hauseigenen Experten vorher weit unter ihrem realen Wert eingeschätzt worden waren, um den rechtmäßigen Besitzern – wenn sie das Geld überhaupt jemals bekamen – möglichst wenig bezahlen zu müssen. Danach wurden die Güter um ihren realen Wert versteigert, und das Dorotheum streifte die satten Gewinne ein. Als verdiente Parteimitglieder hatten die beiden Herren bei diesem Geschäft eine Monopolstellung und machten Umsätze, wie sie das Unternehmen nie zuvor erlebt hatte.

Tag für Tag wurden hier wie am Fließband Auktionen abgehalten, bei denen ein Hausstand nach dem anderen abgefertigt wurde, eine Sammlung nach der anderen unter den Hammer kam. Und weil die Schätzmeister und danach die Männer der Gestapo so penibel gearbeitet und tatsächlich jedes einzelne Silberlöffelchen zuerst auf Listen eingetragen und dann abtransportiert hatten, dauerten die Versteigerungen des Besitzes der reicheren Familien oft Tage. Ganze fünf davon brauchte es etwa, bis die gesamte Sammlung der Familie Altmann endgültig versteigert war. Die Interessenten drängten sich, konnte man in diesen Tagen doch allein wegen der Unmengen an Gütern, die unter den Hammer kamen, wirkliche Schnäppchen machen.

Für die einfacheren Leute, für die Kunst auch zum Bestpreis eine Nummer zu groß war, gab es eine andere Möglichkeit, um auch bei der großen Verteilung jüdischen Vermögens mit dabei zu sein: die VUGESTA. Die jüdischen Haushalte wurden von der Gestapo in so rasendem Tempo ausgeräumt, dass die Wiener Spediteure, die für den Abtransport von Möbeln und Hausrat engagiert worden waren, bald nicht mehr wussten, wo sie die Sachen hinschaffen und lagern sollten. Oft handelte es sich ja um sogenanntes „sichergestelltes Gut", das den Besitzern offiziell noch gehörte. Die aber waren ja inzwischen mit der erwähnten Unzahl von Steuern, Strafen und Abgaben belegt worden, die allesamt nur dazu erfunden worden waren, um dem Raubzug eine pseudo-rechtsstaatliche Legitimation zu verschaffen. Und um das Geld zur Bezahlung aller dieser Strafen aufzutreiben, wurde ihr Besitz, ohne auch nur einmal nachzufragen, versteigert.

Von der Gestapo selbst auf dem Wiener Messegelände eingerichtet, wurde die VUGESTA zur Anlaufstelle für die Spediteure.

Dort in den Hallen türmte sich bald der Besitz der jüdischen Mittelstandsfamilien, über Generationen vererbte Gegenstände, und die Wiener machten einen Volkssport daraus, in den Prater zu fahren, um ein paar Stücke ganz günstig bei einer der ständig laufenden Versteigerungen zu erwischen.

Die NS-Führung und allen voran Hitler persönlich hatten bei ihrem Raubzug in Österreich vorrangig ganz andere Dinge im Visier als Möbel und Vasen. Es ging um die großen privaten Kunstsammlungen im Besitz jüdischer Familien. Längst war Hitler, dessen Pläne für das „Führermuseum" jetzt immer konkreter wurden, von seinen Experten über die Kunstschätze informiert worden, die in den Palais in und um die Wiener Ringstraße zu holen waren. Bevor noch ein deutscher Soldat die Grenze überschritten hatte, war festgelegt, welche Gebäude sofort von der Gestapo beschlagnahmt, versiegelt und ihr Inhalt dokumentiert und konfisziert werden sollte. Hitlers wichtigster persönlicher Berater in den Jahren vor dem Anschluss war der Münchner Kunsthändler Karl Haberstock gewesen. Er hatte dem Reichskanzler schon 1935, als dieser mit dem Sammeln von Kunst begonnen hatte, erste Gemälde für seine Residenz in München verkauft, hatte dort auch Fälschungen, die bereits an der Wand hingen, entdeckt und sich damit natürlich den Respekt Hitlers gesichert. Und Haberstock hatte wohl als Erster Hitlers doch sehr eingeschränkten Kunstgeschmack erweitert. Hitler war von Jugend an versessen auf Künstler der deutschen Romantik und des Biedermeier gewesen, durch den Kunsthändler wurde er nicht nur mit den Alten Meistern und ihrer Bedeutung vertraut gemacht, sondern auch mit der von ihm eigentlich zutiefst abgelehnten zeitgenössischen Kunst. Nach der berüchtigten Ausstellung „Entartete Kunst", die 1937 in München stattfand, war Haberstock einer von jenen Experten, die sich um die weitere – möglichst gewinnbringende – Verwertung der diffamierten Werke zu kümmern hatten. Immerhin gelang es ihm so, einige zentrale Werke der Moderne wie etwa Franz Marcs „Die Roten Pferde" vor der Verbrennung zu bewahren.

Der Sinn für diese von den Nationalsozialisten und von Hitler persönlich so verachtete Moderne verband den Münchner mit der zweiten Persönlichkeit, die von jetzt an zum zentralen Organisator und Entscheidungsträger beim Aufbau des Führermuseums werden sollte: Hans Posse. Posse war Direktor der Gemäldegalerie in Dresden gewesen und hatte dort neben Hitlers Lieblingen, den Romantikern, auch eine große Sammlung deutscher Expressionisten aufgebaut, für die Nazis der Inbegriff entarteter Kunst. Doch Posse hatte diese Kunst nicht nur in Dresden ausgestellt, er präsentierte sie auf internationalen Kunstereignissen wie der Biennale in Venedig als den Inbegriff zeitgenössischer deutscher Kunst. Das machte ihn zum Feind zahlreicher NS-Parteigrößen, die eine Hetzkampagne gegen ihn eröffneten und ihn schließlich zum Rücktritt zwangen. Posse, dessen Idealismus sich auf die Kunst beschränkte, hatte zuvor verzweifelt versucht, sich den neuen Machthabern anzudienen. So bemühte er sich, in die NSDAP aufgenommen zu werden, was aber von seinen Gegnern hintertrieben wurde.

Die Gelegenheit, sich zu rehabilitieren, kam mit Haberstock und Hitlers Plänen für das Führermuseum. Der Münchner schlug Hitler seinen Freund Posse als den besten Mann für den Aufbau des Museums vor. Nur Posse habe das Kunstverständnis, aber auch das Organisationstalent für eine so große Aufgabe. Nicht zufällig fand die entscheidende Begegnung mit Hitler wenige Wochen nach dem „Anschluss" statt. Der Diktator besuchte das Museum in Dresden, und wenn man den Aufzeichnungen der US-Armee unmittelbar nach Kriegsende glauben darf, spielte sich mitten in der Gemäldegalerie eine fast schon komische Szene ab. Hitler, von Haberstock auf den Experten aufmerksam gemacht, verlangte Posse zu sprechen, und erhielt die Auskunft, dieser sei schon in Pension. Hitler wendete sich daraufhin an Haberstock: „Heute haben Sie Geburtstag, womit kann ich Ihnen Freude bereiten?" Haberstock antwortete: „Setzen Sie Posse wieder als Direktor ein."

Posse, der selbst über die Szene in seinem Tagebuch berichtet, wurde gerufen und Hitler offiziell vorgestellt. Der nahm den

Kunstexperten zur Seite und fragte ihn leise: „Sie sollen so scheußliche Bilder gekauft haben?"

Posse wurde kurz darauf nach Berlin beordert und offiziell rehabilitiert, doch Hitler hatte weit mehr mit ihm vor. Ein Jahr später wird der Dresdner zum Sonderbeauftragten des Führers für das Projekt des Führermuseums, für den „Sonderauftrag Linz", wie es von da an heißen sollte. Und erst Posse sollte daraus die großangelegte Sammlung machen, die schließlich in Altaussee landen würde. Ausgestattet mit fast unbeschränkten finanziellen Mitteln und natürlich allen Instrumenten der Diktatur, begann er mit dem Aufbau einer Kunstsammlung, die eines Tages die großen europäischen Museen in den Schatten stellen sollte. Bis zu seinem Tod im Dezember 1942 arbeitete Posse nur noch für dieses Projekt, er bediente sich bei allen großen Museen und Sammlungen Europas, zu denen ihm die militärischen Erfolge der deutschen Streitkräfte Zutritt verschafften. Welchen Wert Hitlers Sammlung zuletzt darstellte, lässt sich heute kaum noch erfassen, auch weil viele der Künstler – man denke an Rembrandt, Cranach oder Vermeer – seit Jahrzehnten kaum noch auf dem Kunstmarkt auftauchen. Doch eine britische Schätzung unmittelbar nach Kriegsende belief sich auf 100 Millionen Pfund, umgerechnet etwa eine Milliarde Reichsmark, ein heutiger Wert von geschätzten fünf Milliarden Euro. Geld für die Beschaffung all dieser Kunstwerke – von den brutal beschlagnahmten einmal abgesehen – stand Posse und nach seinem Tod dem Nachfolger Hermann Voss fast unbegrenzt zur Verfügung. So hatte Posse für Einkäufe in Italien ständig ein Sonderkonto bei der deutschen Botschaft in Rom, das nach jedem Kauf sofort wieder auf eine halbe Million Reichsmark aufgefüllt wurde.

Mit Prinz Philipp von Hessen – dem Schwiegersohn des italienischen Königs Viktor Emanuel III. – als Vermittler unternahm Posse regelmäßig teure „Fischzüge" nach Italien und kaufte dort um Unsummen ein. In unüberhörbar enthusiastischen Schreiben meldete der Dresdner Hitler dann den Ankauf eines Tizians oder Tintorettos, oder einer „besonders schönen Decke aus dem

Palazzo Mocenigo in Venedig". Dass auch bei diesen, wenn auch oft kostspieligen Einkäufen meist politischer Druck im Spiel war, zeigt der Erwerb eines der Lieblingsgemälde Hitlers, Hans Makarts „Die Pest in Florenz". Das Bild war im Besitz der Bankiersfamilie Landau, engen Verwandten der Rothschilds, und hing in deren nahe Florenz gelegener Villa. Immer und immer wieder fragten Posse und Bormann bei der italienischen Regierung nach, wie man denn an das Bild herankommen könnte, da die Familie den Verkauf verweigerte. Schließlich aber konnte Posse glücklich nach Berlin melden, dass die italienische Polizei die Villa sequestriert, also beschlagnahmt habe. Der Makart wanderte als „Geschenk des Duce" ins geplante Führermuseum – und landete so schließlich in Altaussee. Manchmal hatte es Hitler mit seinen Einkäufen in Italien so eilig, dass – wie bei einem Tizian – Telegramme mit dem Inhalt „Eilt sehr, sofort auf den Tisch" aus dem Führerhauptquartier in Rom eintrafen. Der zuständige Reichsstatthalter musste dann die Summe aus seiner eigenen Kasse in Lire bar vorstrecken. Einwände, dass der Einsatz kostbarer Devisen doch für alle „nicht lebensnotwendigen und kriegswichtigen Dinge" untersagt sei, wischte Hitler persönlich vom Tisch. Das Bild werde gekauft.

Die wichtigste Quelle für den „Sonderfonds Linz", der auch unter dem Titel „Dankspendenstiftung" lief, war der Verkauf von Briefmarken mit dem Porträt Hitlers, bei dem eine Sonderabgabe eingehoben wurde, aber auch von Werbepostkarten oder anderen Sondermarken. Auch die Tantiemen aus dem Verkauf von „Mein Kampf", das ja Jahr für Jahr in Millionenauflage gedruckt wurde, flossen in den Kunstkauf. Aber Hitler hatte natürlich auch direkten und weitgehend ungeregelten Zugriff auf den Staatshaushalt. Unter dem Titel „Zur Verfügung des Führers für allgemeine Zwecke" wurden Millionen bezogen – und das bis wenige Wochen vor Kriegsende. Hermann Voss, so erzählte man sich noch 1944, würde in einer Woche dieselbe Summe für Kunst ausgeben wie sein Vorgänger Posse in einem Jahr. Erst Ende 1944 werden Bedenken laut: „Ihnen dürfte erinnerlich sein, dass seit geraumer Zeit Erwerbungen für das neue Kunstmuseum in Linz in einem Ausmaße erfolgt sind, die eine geordnete Bewirtschaftung der hierfür verfügbar gewesenen Mittel unmöglich gemacht haben", heißt es in einem Schreiben des Finanzministeriums an Hitlers Sekretär Martin Bormann. Schließlich, im Jänner 1945, vermerkte man in der Reichskanzlei, dass der Eingang von Rechnungen durch Prof. Voss sehr stark zurückgegangen sei.

Dass diese Unsummen für den Erwerb von Bildern aufgebracht wurden, scheint auf den ersten Blick im Widerspruch zu den berüchtigten Methoden der Nazis zu bestehen. Warum hätten diese quer durch Europa Kunst und Kulturgüter mit Gewalt und Erpressung an sich bringen sollen, nur um dann die Besitzer korrekt zu bezahlen? Doch genau diese korrekte Bezahlung fand in den seltensten Fällen statt. Meist hatten die Bilder, die dann für das Führermuseum angekauft wurden, schon den Besitzer gewechselt, waren von der Gestapo konfisziert und dann zur Versteigerung – etwa durch das Dorotheum oder die VUGESTA – freigegeben worden, wo sie dann zu einem Bruchteil ihres eigentlichen Wertes zu haben waren. Oder die zur Flucht gezwungenen, meist jüdischen Besitzer hatten sie unter Zwang und Zeitdruck an einen Kunsthändler weitergegeben, und der konnte sich den Preis nun aussuchen. In den Niederlanden blühte das Gewerbe dubioser Kunsthändler im Umfeld der NS-Besatzer förmlich auf. Manchmal aber setzten Hitlers Kunstbeschaffer die Besitzer auch direkt unter Druck. Bestes Beispiel dafür war eines der berühmtesten Bilder, die Jahre später als Teil der Führersammlung in Altaussee geborgen werden sollten: Jan Vermeers „Der Maler im Atelier". Hitler war versessen auf dieses Bild, das im Besitz der Familie Czernin, Vertreter des österreichischen und böhmischen Hochadels, war. Das Prunkstück der Familiensammlung war durch komplizierte Erbfolgen und Teilungen des Vermögens seit 1932 im Besitz von zwei Familienmitgliedern. Der eine wollte verkaufen, der andere nicht. Schon lange vor Hitler hatten amerikanische Kunstsammler, aber auch der deutsche Zigarettenfabrikant Philipp Reemtsma, Unsummen für das Gemälde geboten – der nazi-freundliche Reemtsma übrigens mit persönlicher Rückendeckung durch Reichsmarschall Hermann Göring, der auf den Verkauf drängte. Doch Hitler war entschlossen, Tatsachen zu schaffen, wenn es mit Geld allein nicht ging, dann mit Druck. Er schickte einen seiner Sekretäre zu den Czernins. „Ein Gentleman, ein sehr sympathischer Mann, der zwei, drei Tage bei uns gewohnt hat", erinnerte sich später ein Sohn des Grafen: „Er hat zu meinem Vater gesagt: ‚Natürlich ist es Ihr Recht, die Unterschrift zu verweigern, aber Sie könnten dann Schwierigkeiten haben. Es ist der ausdrückliche Wunsch des Führers, dieses Bild für Linz zu erwerben, und ich rate Ihnen wirklich, geben Sie nach.'" Das genügte, um auch den Adeligen zu überzeugen, das Bild wurde verkauft, allerdings nicht, wie in vielen Fällen, um einen Spottpreis, sondern um 1 650 000 Reichsmark. Viel mehr wäre auf dem Kunstmarkt auch nicht zu erzielen gewesen.

Diese Summen hätten Werke aus anderen Kunstsammlungen allerdings auch spielend erreicht, doch bekamen deren Besitzer keine Chance, einen Verkauf auch nur zu verhandeln. Es handelte sich fast ausschließlich um Juden, die mit nackter Gewalt erpresst wurden. Die ersten prominenten Opfer dieser Gewalt residierten in Wien. Nicht nur das bereits erwähnte Palais der Familie Ephrussi, auch die Villa des Industriellen Oskar Bondy und seine riesige Kunstsammlung wurden umgehend „sichergestellt", darin befanden sich Bilder des Biedermeiermalers Rudolf von Alt oder des Meisters von Frankfurt aus der Renaissance. Einige sollten Teil des Führermuseums werden und landeten zu Kriegsende im Salzbergwerk von Altaussee.

Hitler sicherte sich das Vorrecht beim Zugriff auf alle jüdischen Sammlungen in Wien. Der „Führervorbehalt", formuliert von Hitler während eines Besuchs bei Posse in Dresden kurz nach dem „Anschluss", garantierte seinen persönlichen Anspruch: „Der Führer beabsichtigt nach Einbeziehung der beschlagnahmten Vermögenswerte die Entscheidung über ihre Verwendung persönlich zu treffen. Er erwägt dabei, Kunstwerke in erster Linie den kleineren Städten in Österreich für ihre Sammlungen zur

Verfügung zu stellen." Kleinere Städte in Österreich, das war natürlich Linz mit dem geplanten Führermuseum, aber auch andere Landeshauptstädte, die Hitler gegenüber dem verhassten Wien aufwerten wollte.

Dem „Führer" ging es in Wien vor allem um eine, oder eigentlich um zwei Sammlungen; es waren die bedeutendsten privaten Kunstsammlungen, die in Österreich, vielleicht sogar im ganzen deutschen Reich existierten, und sie gehörten den Brüdern Alphonse und Louis Rothschild.

Ihre Enteignung wurde zum vordringlichsten Ziel nach der Machtübernahme in Österreich, von NS-Propagandamedien wie dem *Stürmer* als heroische Tat inszeniert, bei der das von Juden geraubte deutsche Kulturgut endlich wieder dem Volk zurückgegeben würde. Hitler persönlich hatte immer wieder sein Interesse an den Rothschild-Sammlungen deutlich gemacht. Vieles davon sollte einst Teil seines Führermuseums sein.

Schon zwei Tage nach dem Einmarsch versiegelte die Gestapo Louis' Palais in der Wiener Prinz-Eugen-Straße und jenes von Alphonse in der Theresianumgasse. Alphonse war bereits nach Paris geflüchtet und hatte seit Monaten versucht, mit dem österreichischen Staat eine Ausfuhr seiner Sammlung auszuhandeln. Das Schuschnigg-Regime nützte die Gelegenheit, um dem Älteren der beiden Rothschild-Brüder nicht nur eine riesige Summe Geldes, sondern auch einige der besten Stücke aus seiner Sammlung abzupressen. Kurz vor dem Einmarsch war man handelseinig geworden, die Genehmigung wurde erteilt. Doch im Chaos der letzten Tage des unabhängigen Österreich kam es nie zum Abtransport der bereits verpackten Sammlung. Sie blieb in Wien, so wie auch die Sammlung des jüngeren Bruders Louis. Der Lebemann hatte alle Warnungen vor den Nazis in den Wind geschlagen und war noch Anfang März nach Wien zurückgekehrt. Als er schließlich am Tag nach dem Einmarsch nach Italien flüchten wollte, wurde er am Flugfeld Aspern gestoppt und verhaftet. Von da an saß Louis mehr als ein Jahr im Gefängnis der Gestapo am Wiener Morzinplatz.

Im Gegenzug für seine Freilassung presste ihm die NS-Bürokratie 1939 schließlich einen Vertrag ab, in dem festgehalten wurde, dass „die gesamten im Reichsgebiet gelegenen Rothschildschen Vermögenschaften, einschließlich der Kunstsammlungen Reichseigentum werden". Diesem Vertrag waren monatelange Verhandlungen vorausgegangen, in denen Alphonse sogar versucht hatte, Kunstwerke aus seiner eigenen Sammlung zurückzukaufen. In den Vertrag wurde immerhin eine Textpassage eingebaut, dass Rothschild, „nach Maßgabe besonderer Vereinbarungen einen Teil seiner Kunstsammlungen gegen einzubringende Werte auszutauschen, durch Devisenzahlung auszulösen oder sonst zurückzuhalten berechtigt ist". So schäbig dieser Handel auch war, ein Veto aus Berlin verhinderte, dass er zustande kam. Der Führervorbehalt würde dadurch eingeschränkt – und gerade bei den Rothschild-Sammlungen wollten Hitler und sein Kunstfachmann Posse sich ohne Rücksicht auf andere bedienen.

Doch auch wenn Hitler durch den „Führervorbehalt" auf die Rothschild-Sammlung, wie auf alle anderen geraubten Kunstwerke, als Erster Zugriff hatte, drängten sich gleich dahinter all die anderen Institutionen, die von der Enteignung der Juden profitieren wollten. Im rasenden Tempo der „Arisierungen", Beschlagnahmungen und „Sicherstellungen", die sich in den ersten Wochen der NS-Diktatur in Österreich abspielten, kam es zu offenen Machtkämpfen, vor allem zwischen den Museen. Und die Rothschild-Sammlung wurde zum wichtigsten Objekt der Begierde. An ihrem Beispiel lässt sich sehr anschaulich zeigen, wie die Museumsdirektoren – bestens vorbereitet durch ihre Experten – aufmarschierten, um sich ihren Anteil an der Beute zu sichern, ganz so, als wären diese Kunstwerke herrenloses Gut, das nie einen Besitzer gehabt hatte.

Zentraler Schauplatz dieses bürokratischen Gerangels um die Raubkunst wurde die Wiener Hofburg. In der Neuen Burg richtete das Kunsthistorische Museum ein Zentraldepot für alle konfiszierten jüdischen Kunstsammlungen ein. Der von den Nazis eingesetzte kommissarische Leiter des Kunsthistorischen

Museums Fritz Dworschak hatte alle politischen Hebel in Bewegung gesetzt, um dieses Zentraldepot bewilligt zu bekommen. Vor allem in der Gestapo waren maßgebliche Persönlichkeiten, wie etwa SS-Brigadeführer Walter Stahlecker, anfangs strikt dagegen. Denn die bis dahin völlig unkontrolliert ablaufenden Beschlagnahmungen und die Lagerung des Raubguts an verschiedensten Orten machten es vielen der Gestapo-Offiziere leicht, sich selbst oder ihre politischen Günstlinge großzügig mit Kunst zu versorgen. Schließlich lenkte Stahlecker, auch unter politischem Druck aus Berlin, ein.

Im ersten Stockwerk der Neuen Burg wurden bis Herbst 1938 etwa zehntausend Kunstwerke katalogisiert und eine Schausammlung zusammengestellt, in der Interessenten sich umsehen und auswählen konnten. Was die Sammlung Rothschild betraf, wollten viele nicht so lange warten. Kaum waren die beiden Palais von der Gestapo versiegelt worden, verschaffte sich schon der erste Vertreter eines großen Wiener Museums Zutritt, um seine Auswahl zu treffen. Oskar Katann, Direktor der Städtischen Sammlungen – heute Wien Museum am Karlsplatz –, hatte sich vom Magistratsdirektor die Erlaubnis verschafft, „die Kunstschätze Rothschild zu inventieren und in die Treuhandverwaltung der Stadt Wien zu übernehmen". Schon eine Woche nach dem Einmarsch – das Zentraldepot existierte noch nicht – war Katann im Palais von Alphonse Rothschild gewesen, um sich umzuschauen, und zeigte sich in seinem Bericht an den Wiener Bürgermeister Hermann Neubacher völlig überwältigt von den „wertvollen Ölbildern von ersten Meistern, Bronze-, Gold- und Silbergegenständen, kostbaren Möbeln und zahlreichen kunstgewerblichen Gegenständen". Doch neben der Begeisterung des Kunstexperten werden gleich dessen konkrete Absichten deutlich: „Nach einem etwa 1 1/4 stündigen Rundgang, bei dem ich jedoch nicht alle von der Staatspolizei besetzten Räume betreten konnte, wurde festgestellt, dass es sich um insgesamt 10 000 Gegenstände im Werte von rund 20 Millionen Schilling handelt, worin eine in Tresors untergebrachte riesige Markensammlung und der Schmuck nicht inbegriffen sind [...]. Es ist ein außerordentlich wertvoller Kunstbesitz, dessen Inventur, wenn sie exakt vorgenommen werden soll, einen Zeitraum von vielen Monaten erfordert."

Katann begann ein heikles diplomatisches Spiel. Da das Rothschild-Palais 1938 von der Staatspolizei beschlagnahmt und zur Unterbringung diverser NS-Dienststellen genutzt wurde, versuchte er in seinen Berichten deutlich zu machen, dass das für die Kunstsammlung und natürlich auch für die kostbare Einrichtung eine Gefahr bedeute: „Tatsächlich ist das prachtvoll ausgestattete Palais nicht der passende Aufenthaltsort einer Truppe und der einzige und mögliche Schutz des Hauses, seiner Wandbilder, des Parkettbodens und seiner sonstige Schätze wäre es, wenn im Einvernehmen mit dem Herrn Reichsstatthalter der Truppe ein anderes, hinreichend großes Haus zur Verfügung gestellt werden könnte." Katann wollte die störende Staatspolizei schlicht aus dem Weg haben, um in Ruhe die Sammlung zu inventarisieren und schließlich die Stücke seiner Wahl in sein Museum zu bringen. Doch er stieß auf massiven Widerstand, was in seinen Berichten bald deutlich wurde: „Es ist zweifelhaft, ob die Kunstgegenstände, falls sie Baron Rothschild aberkannt werden, in den Besitz der Stadt Wien kommen." Unsicher geworden, bat er schließlich den Bürgermeister um Anweisungen, wie er weiter vorzugehen habe, und wurde schließlich sehr rasch von seinen Gegenspielern im Tauziehen um die Rothschild-Sammlung aus dem Weg geräumt. Im Herbst 1938 wurde er zwangspensioniert.

Zu diesem Zeitpunkt hatten sich längst andere ihre Pfründe gesichert. Dworschak, dessen Zentraldepot schon nach wenigen Wochen bis zur Decke voll mit Raubkunst steckte, war anfangs beim Versuch, sich auch die Rothschild-Sammlung zu sichern, auf massiven Widerstand gestoßen. Hitler selbst bremste. Während die Gestapo bei allen anderen jüdischen Sammlungen inzwischen gerne die Beratung und Organisation durch das Kunsthistorische Museum in Anspruch nahm, musste Dworschak um den Zugriff auf die Rothschild-Sammlungen regelrecht buhlen.

Überschwänglich lobte er in Berichten das „zielbewusste und umsichtige Vorgehen der Gestapo, das dem Reich bedeutende Werte gesichert hat". Das Buckeln wirkte und Dworschak wurde schließlich zum „Unterbevollmächtigten für die Bewachung der Sammlung beider Rothschilds" bestellt. Das letzte Wort aber, was diese Schätze betraf, das hatte Haberstock längst deutlich gemacht, hatte Hitler, und der sollte bald persönlich in Wien erscheinen, um seine Auswahl für das Führermuseum zu treffen.

Vorerst aber war Dworschak am Zug. Der Abtransport der beiden Sammlungen begann. Er sollte Wochen dauern, und nicht nur Dutzende Gestapo-Beamte, sondern auch einen Großteil der Mannschaft des Kunsthistorischen Museums beanspruchen. Für den Direktor Grund genug, bei der Gestapo Überstundenzahlungen für seine Leute zu verlangen. Dass auch Dworschak inzwischen keinen Gedanken mehr daran verschwendete, dass er da geraubtes Gut in sein Museum schaffen ließ, zeigt sein Bericht: „Es wurden an die Arbeitspartie, welche die Abschleppungsarbeiten der aus verschiedenem Judenbesitze beschlagnahmten, für das Zentraldepot bestimmten Gegenstände durchzuführen hatte, erhöhte Überstundenbeträge ausbezahlt. Die Auszahlung war durch die ausgesprochene Schwerarbeit der damit Befassten (Tragen schwerer Möbelstücke, Marmoruntersätze, Marmorplatten etc.), die bis zu einer 12stündigen Arbeitszeit haben, mehr als gerechtfertigt." Die Gestapo bewilligte die Überstundenzahlungen, doch die Staatskasse sollte dafür nicht belastet werden. Eine einfache Lösung wurde gefunden: Man stellte den Rothschilds eine Rechnung! Diese waren durch Louis' Gestapo-Haft ohnehin leicht erpressbar und mussten zuletzt selbst für den Raub ihrer Kunstsammlung aufkommen.

Schließlich lagerten fast 5000 Objekte aus der Rothschild-Sammlung in der Neuen Burg. Hitler erschien im Herbst 1938 zum ersten Mal im Zentraldepot, um die Sammlung zu begutachten, lobte das Museum für die geleistete Arbeit und bezeichnete es als idealen Raum zur „Unterbringung" der Sammlungen.

Das Tauziehen um die wertvollsten Bilder aber sollte jetzt erst so richtig beginnen. Denn nun begann Hans Posse, Hitlers Sonderbeauftragter, mit regelmäßigen Besuchen, um die besten Stücke für das Führermuseum auszusuchen. Er wählte insgesamt 324 Gemälde, fast nur Spitzenwerke europäischer Kunst aus den wichtigsten Epochen. Der Dresdner hatte Hitlers bisher auf seine Lieblingsmaler und das 19. Jahrhundert beschränkten Kunstgeschmack auf das Format großer europäischer Museen erweitert, denn genau ein solches Museum sollte in Linz eines Tages entstehen. Unter den Werken aus der Rothschild-Sammlung, die schließlich zu Kriegsende aus den Stollen von Altaussee auftauchen sollten, gehörten Arbeiten von Rubens und Tintoretto, Anthonis van Dyck, Frans Hals oder Hans Holbein. Allein aus diesem ersten großen Raubzug in Wien lässt sich erahnen, welchen Rang Hitlers Museum einst haben sollte. Für Hitlers nächsten Besuch hatte Posse die ausgewählten Werke bereits zu einer kleinen Ausstellung in der Neuen Burg zusammenstellen lassen.

Hitlers wachsendes Interesse und der „Führervorbehalt", hinter dem die Gier aller anderen zurückstehen musste, gaben Dworschak immerhin die Möglichkeit, den unkontrollierten Zugriff von NS-Bonzen und anderen mächtigen Amtsträgern auf die Sammlungen einzudämmen. Ständig meldeten sich diese oder eben ihre Stabsstellen bei Dworschak mit der Bitte, doch mit diesem oder jenem Stück ihre Amts- oder sogar privaten Wohnräume verschönern zu können. Gauleiter Josef Bürckel persönlich war einer der besten Kunden des Zentraldepots. Wie hemmungslos manche von diesen politischen Profiteuren versuchten, sich zu bereichern, zeigt die Deutlichkeit eines Befehls, der schließlich direkt aus Berlin kam. Hitler erließ ein striktes Verbot „der Herausnahme von Gegenständen aus Sammlungen, Museen und ähnlichen Einrichtungen zu Geschenkszwecken". Mit diesem Befehl in der Hand konnte der Direktor all die privaten Wünsche einfach zurückweisen.

Umso deutlicher meldeten dafür die öffentlichen Kunstinstitutionen ihre Ansprüche an.

Nicht nur das Kunsthistorische Museum, auch die Österreichische Galerie, die bereits erwähnten Städtischen Sammlungen und unzählige Museen in den Landeshauptstädten – jeder wollte seinen Anteil an der Beute. Dworschak etwa sprach offen von einer „einzigartigen, nie wiederkehrenden Gelegenheit einer Erweiterung auf sehr vielen Gebieten" für das Kunsthistorische Museum. Insgesamt waren es 21 Museen und andere Institutionen, die Listen mit ihren Wünschen zusammengestellt hatten.

Inzwischen hatte, sehr zum Ärger von Dworschak, das Bundesdenkmalamt die Verwaltung und Verteilung der Sammlung in der Hofburg übernommen. Da nützte es dem Herrn Direktor nichts, dass er sich in einem Schreiben an Posse über die Entmachtung empörte: „Das ist der Lohn dafür, dass ich damals unter erheblichen Kosten und Arbeitsaufwand jene sachliche Arbeit in Angriff nahm, deren Durchführung Aufgabe des Denkmalamtes gewesen wäre." Jetzt war er selbst zum Bittsteller geworden und musste im Wettkampf der Listen mitspielen, die nunmehr ans Denkmalamt gingen, dort mit den Listen der Konkurrenz verglichen und schließlich mit ein paar dicken roten Strichen wieder zurückgeschickt wurden. Oft wurde heftig und ausdauernd um einzelne Stücke gefeilscht. So schrieb etwa der Leiter des Tiroler Landesmuseums, Oswald Trapp: „Da ich das Stück AR 3204 bereits aus der Liste meiner Erwerbungsabsichten gestrichen habe, bleibe ich schon dabei und opfere, wenn es nicht anders gehen sollte, für diesen Preis auch noch das Filigrankörbchen AR 1333." Dass sich hinter dem Kürzel AR der Name Alphonse Rothschild verbarg und die Objekte, um die man da handelte, ihrem Besitzer rücksichtslos weggenommen worden waren, kümmerte keinen der Direktoren. Selbst nationalsozialistische Beobachter zeigten sich entsetzt, „welch widerliches Bild der Kampf bietet, den die verschiedenen Stellen um die anfallende Beute führen".

Im chaotischen Machtkampf der Institutionen, der NS-Größen und ihrer Stabsstellen taucht auch erstmals der Name eines Österreichers auf, der in den Jahren danach zu einem der wichtigsten und skrupellosesten NS-Kunsträuber werden sollte: Kajetan Mühlmann. Das ehrgeizige Kind einer Bauernfamilie hatte es an die Universitäten in Innsbruck und Wien geschafft und dort Malerei und schließlich Kunstgeschichte studiert. Er hatte bei den Salzburger Festspielen direkt an der Seite Max Reinhardts gearbeitet, und es war sein Kunstverständnis, das ihm Mitte der Dreißigerjahre die Aufmerksamkeit von Vertretern der NS-Eliten wie Hermann Göring und Arthur Seyß-Inquart einbrachte. Als Letzterer nach dem „Anschluss" in Wien zum Reichsstatthalter wurde, machte Mühlmann an seiner Seite Karriere. Seyß-Inquart ernannte ihn zum Leiter der „Zentralabteilung für Kunst, Propaganda und Werbung" und ließ ihn in dieser Funktion entscheidend bei der Enteignung jüdischer Kunstsammlungen und der Verteilung des Raubgutes mitwirken. Doch Mühlmann, der versuchte, wichtige Werke in Österreich und vor allem in den Wiener Museen zu halten, kam anderen Mächtigen, vor allem aber Gauleiter Josef Bürckel in die Quere.

Doch der Krieg und mit ihm die ersten Siege der Wehrmacht verhalfen Mühlmann, der sich im Machtkampf in Wien verheddert hatte, 1939 zu einem neuen Einsatzgebiet: Polen. Seyß-Inquart wurde nach der polnischen Kapitulation Stellvertreter von Generalgouverneur Hans Frank und holte seinen engen Vertrauten Mühlmann umgehend nach Warschau. Dort wurde er zum „Sonderbeauftragten für Schutz und Sicherung von Kunstwerken in den besetzten Ostgebieten", was nichts anderes hieß, als dass er jetzt den Raubzug der Nazis, den er in Wien nur als Randfigur mitgemacht hatte, anführte und organisierte. Jetzt erst konnte Mühlmann zeigen, wie konsequent und skrupellos er war …

Europa wird geplündert

Polen war das erste mit militärischen Mitteln eroberte Land, es war slawisch und daher, ebenso wie seine Kunst, im nationalsozialistischen Verständnis „minderwertig". Hitlers Sonderbeauftragter Posse selbst betonte unmittelbar nach dem deutschen Sieg, dass er die slawische Kunst in den neuen Ostgebieten nicht für wert halte, in Museen des Reiches ausgestellt zu werden. Doch solche ideologischen Vorbehalte hielten die Invasoren keineswegs davon ab, rücksichtslos Museen und private Sammlungen zu plündern. Zur höheren Verwendung, also für deutsche Museen, für die privaten Sammlungen der NS-Größen oder sogar für das Führermuseum, waren allerdings nur jene Werke vorgesehen, die nach der Vorstellung der NS-Ideologen ohnehin germanisch waren. Es galt also, die Werke deutscher Kunst „heim ins Reich" zu bringen, und das tat der von Frank mit einer alleinigen Vollmacht zum Kunstraub ausgestattete Mühlmann. „Mühlmanns Handlanger ließen kaum eine Stadt oder wichtige Sammlung unangetastet, sie begannen in den Städten und explorierten von dort aus die Provinzen", beschreibt der Kunsthistoriker Jonathan Petropoulos diese Plünderungen: „Ort für Ort, Schloss für Schloss, Gut für Gut".

Zur „Vervollständigung des deutschen Kunstbesitzes", wie Mühlmann später vor dem Nürnberger Kriegsverbrechertribunal aussagen sollte, ließ er Polens größte Kunstsammlungen ausräumen: etwa das königliche Schloss in Warschau, die Sammlungen des Prinzen Czartoryski oder das Nationalmuseum und die Marienkirche in Krakau. Was er dabei an Schätzen in wenigen Wochen zusammengetragen hatte, erweckte umgehend auch

Hitlers und damit Posses Interesse. Schon im Dezember 1939 war der Dresdner zu einem ersten Treffen bei Mühlmann in Warschau und Krakau. „Täglich waren Waggons mit den sichergestellten Kunstwerken aus öffentlichem, kirchlichem und privatem Besitz im Anrollen", schildert er seine Eindrücke von Mühlmanns Kunstraub-Operation. Obwohl Posse „das Ganze nicht geheuer" war, sicherte er sich einige der bedeutendsten Kunstschätze Polens für sein Museum: einen Leonardo da Vinci und einen Rembrandt aus der Sammlung Czartoryski sowie den Hochaltar aus der Marienkirche von Krakau, eines der Hauptwerke des spätgotischen Meisters Veit Stoß.

War der Kunstraub an der Ostfront eher eine Begleiterscheinung der Vernichtungsfeldzüge der Wehrmacht, wurde der erste Blitzkrieg im Westen auch an der Kunstfront penibel vorbereitet. Längst hatte Posse Listen von den Kunstschätzen, die in den Museen und privaten Sammlungen Hollands und Frankreichs lagerten, erstellen lassen. Der Dresdner hatte jene Werke, die er für das Führermuseum beanspruchen wollte, ins Auge gefasst. Jetzt aber lieferte ihm Goebbels Propagandaministerium auch die ideologische Grundlage für seine Ansprüche auf diese Kunstwerke. Der Kunsthistoriker und Direktor der Berliner Museen Otto Kümmel hatte einen Bericht verfasst, in dem unter oft abenteuerlichen Begründungen all die Kunstwerke aufgelistet wurden, die den Deutschen in den vergangenen vier Jahrhunderten von fremden Herrschern und Nationen geraubt worden seien: Unter dem Titel „Kunstwerke und geschichtlich bedeutsame Gegenstände, die seit 1500 ohne unseren Willen oder auf Grund zweifelhafter Rechtsgeschäfte in ausländischen Besitz gelangt sind" will dieser Bericht, so heißt es gleich in der Einleitung anklagend, „nur ein erstes übersichtliches Bild von dem an Deutschland begangenen Kunstraub geben". Auf mehr als 300 Seiten werden Länder von Frankreich bis Russland abgehandelt und Tausende Kunstwerke angeführt, die ihre Herrscher und Fürsten den Deutschen geraubt hätten. Dazu gehörten nach

Kümmels Definition alle Werke, die seit 1500 aus Deutschland fortgeschafft worden waren, alle Werke, die im Auftrag eines Deutschen entstanden waren, alle Werke von Künstlern, die auch nur deutscher oder österreichischer Abstammung waren, und auch jene, die im „deutschen Stil" gehalten waren. Der Begriff war so weit gesteckt, dass selbstverständlich auch die großen Niederländer von Rembrandt bis Frans Hals ausreichend germanisch waren, um jetzt vom NS-Staat beansprucht zu werden.

Hauptangeklagter des Berichts ist Frankreich, Kümmel schildert ebenso dramatisch wie ausführlich die Kriege, in denen sich französische Truppen an deutscher Kunst vergriffen hätten, etwa zur Zeit Napoleons: „Neben den von Amts wegen plündernden Beamten, die sich übrigens keineswegs selbst vergaßen, waren so gut wie alle Generäle und Beamte, die Familie Bonaparte mit eingeschlossen, an der Plünderung beteiligt."

Ganz oben in Kümmels Bericht aber wird der Versailler Vertrag genannt: der Friedensschluss nach dem Ersten Weltkrieg, der die Niederlage des Deutschen Reiches besiegelt hatte und den die Nazis immer als Schandfrieden bezeichnet hatten. Ihn ungeschehen zu machen, war ja das große Ziel von Hitlers Offensive an der Westfront. Der Besitz „deutscher Reichsangehöriger an Kulturgut" sei „sequestriert und zu nominalen Preisen von den französischen Museen übernommen, zum Teil verkauft daher verschleudert" worden.

Ein Werk wird in Kümmels Bericht schon in der Einleitung herausgehoben: der Genter Altar von Jan und möglicherweise auch seinem Bruder Hubert van Eyck – ein, wenn nicht *das* Meisterwerk der altniederländischen Malerei an der Schwelle vom Spätmittelalter zur Neuzeit, für viele Kunsthistoriker ein Meilenstein in der europäischen Kunstgeschichte.

Der riesige Flügelaltar konnte über die Jahrhunderte auf eine abenteuerliche Geschichte zurückblicken, immer wieder waren Teile gestohlen worden, manche verschwanden über Jahre, manche Altarbilder wurden umgearbeitet, manche als anstößig entfernt. Schließlich aber hatte der preußische König Wilhelm III.

über einen englischen Kaufmann die Seitentafeln gekauft. Die Tafeln wurden zu Prunkstücken des Deutschen Museums in Berlin – in Belgien, für das der Genter Altar immer ein Teil des nationalen Kulturerbes gewesen war, wurde dies als schwere Demütigung erfahren. Im Versailler Vertrag wurde das besiegte Deutschland schließlich dazu verpflichtet, die Tafeln zurückzuerstatten. Für die Nazis aber stellte es ein Stück deutscher Kultur dar, das in ein deutsches Museum zurückkehren musste – und zwar so rasch wie möglich.

Kaum hatte die deutsche Armee im Mai 1940 Belgien überrollt, machte sich eine Delegation des Kunstschutzes der deutschen Wehrmacht für die besetzten Gebiete, persönlich angeführt von ihrem Leiter Franz Graf Wolff-Metternich, nach Gent auf, um den Altar zu inspizieren und nach Deutschland zu bringen. Wolff-Metternich sah seine Aufgabe vor allem einmal darin, Denkmäler und Kunstschätze zu schützen. Aber die Belgier waren ohnehin schneller gewesen, die St.-Bavo-Kathedrale war leer. Ein harter Schlag, nicht nur für die deutschen Experten, auch für ihren Auftraggeber: Propagandaminister Goebbels hatte die rasche Beschlagnahmung des Altars angeregt. Er wollte Hitler eine der Tafeln als Geschenk überreichen.

Der Altar war im letzten Augenblick, wenige Tage vor dem Eintreffen der Deutschen, auf Lastwagen geladen worden und auf Nebenstraßen Richtung Süden verschwunden. Ziel des abenteuerlichen Kunsttransportes war der Vatikan. In den päpstlichen Kunstsammlungen, geschützt von der Autorität des Kirchenoberhauptes und der Neutralität des Kirchenstaates, hofften die belgischen Kunstexperten, Schutz für ihr Nationalsymbol zu finden. Doch der Transport geriet zwischen die rasch vorrückenden deutschen Panzerbataillons. Es gelang, die LKWs zu verstecken, doch der Weg in den Vatikan war blockiert: Das faschistische Italien war an der Seite Hitlers in den Krieg eingetreten. Die französische Regierung sprang helfend ein. Die Tafeln wurden in das Schloss von Pau am Fuße der Pyrenäen gebracht. Dort und in den umliegenden Schlössern lagerten bereits große Teile der

Sammlung aus dem Pariser Louvre. Unmittelbar vor Kriegsausbruch waren die wertvollsten Teile der Sammlung, darunter auch die Mona Lisa, nach Südfrankreich gebracht worden.

Zwei Jahre später, der nördliche Teil Frankreichs war längst unter deutscher Besatzung, sollte sich die NS-Führung schließlich doch noch des Altars bemächtigen. Diesmal aber war ein anderer aus Hitlers engstem Kreis die treibende Kraft hinter der Beschlagnahmung. SS-Führer Heinrich Himmler, seit jeher fasziniert von Esoterik und Mythologie, hatte sich von einem seiner Berater über die angeblich mystische Symbolik informieren lassen, die auf der Zentraltafel des Altars, der sogenannten „Anbetung des Lamms", zu finden war. Himmler versuchte Wolff-Metternich davon zu überzeugen, dass der Altar nach Berlin übersiedeln müsse. Der Kunsthistoriker aber wehrte sich gegen diesen groben Verstoß gegen internationales Recht, immerhin lag Pau im nicht besetzten Teil Frankreichs, die deutsche Wehrmacht hatte dort keinerlei Handhabe zu einer Beschlagnahmung. Trotzdem wurde Ernst Buchner, Direktor des Bayrischen Nationalmuseums, nach Pau geschickt. Er forderte die Herausgabe der Tafeln, und als die dortige Verwaltung sich weigerte, wurde die Vichy-Regierung, das von Berlin abhängige Marionettenregime in Südfrankreich, eingeschaltet. Die Erpressung funktionierte, die Tafeln waren bald unterwegs nach Deutschland. Zu Himmlers seltsamen Studien kam es allerdings nie. Hitler persönlich erhob Ansprüche auf das Kunstwerk. Ob es tatsächlich einen Platz im Linzer Führermuseum bekommen sollte, ist umstritten. Tatsache aber ist, dass die Tafeln im Mai 1945 als einige der kostbarsten Stücke im Salzbergwerk von Altaussee auftauchten.

Die Gier der Nazi-Größen nach Kunst aber richtete sich in diesen Frühjahrstagen des Jahres 1940, als deutsche Truppen im Eiltempo nach Westen vorstießen, vorerst auf die Niederlande. Amsterdam und Den Haag waren seit Jahrhunderten Zentren des internationalen Kunsthandels gewesen: Von den bedeutensten niederländischen Malschulen mit Werken von Weltrang versorgt, lieferten sie Gemälde von Rembrandt oder Brueghel an die großen Kunstsammlungen in ganz Europa. Doch seit der Machtübernahme der Nazis in Deutschland kochte der holländische Kunstmarkt förmlich über. Bedeutende jüdische Kunsthändler hatten Deutschland verlassen müssen und sich in den Niederlanden angesiedelt. Vielen war es gelungen, zumindest einen Teil ihrer Sammlung überstellen zu lassen. Die Kunstexperten im Dienste des NS-Staates waren darüber natürlich bis ins Detail informiert. Die Operation zum Raub der Kunstsammlungen auf holländischem Boden war also ähnlich gut vorbereitet wie der militärische Vorstoß – und es war gleichermaßen ein Blitzkrieg, mit einem bereits bewährten skrupellosen Beutegreifer an der Spitze: Kajetan Mühlmann. Der Österreicher hatte das Plündern der Sammlungen in Polen gerade auf volles Betriebstempo gebracht, als ihn der Ruf eines alten Freundes ereilte. Arthur Seyß-Inquart hatte Polen hinter sich gelassen und war zum Reichskommissar der Niederlande ernannt worden. In dieser Funktion begann der Jurist umgehend mit der Erfassung der jüdischen Bevölkerung und ihres Vermögens; die ersten Deportationslisten wurden erstellt, den Kunstraub aber wollte er lieber seinem bereits bewährten Landsmann überlassen.

„Rotterdam brannte noch, als Mühlmann in seiner SS-Uniform in Holland eintraf", sollte der alliierte Offizier, der Mühlmann nach Kriegsende verhörte, später als bitteren Auftakt an den Anfang seines Berichtes stellen. Der „gewissenlose, hartnäckige Lügner, der sich nie um Kunst scherte" – so die Beschreibung Mühlmanns in dem Bericht –, bekam in Den Haag seine eigene Dienststelle, um von dort die Kunstbeschaffung generalstabsmäßig organisieren zu können. Anders als in Polen aber sollte diese Operation wieder unter dem Deckmantel scheinbarer Legalität ablaufen. Deutsche Banken hatten bereits eigene Außenstellen eingerichtet, um ausreichend Devisen zur Verfügung stellen zu können. Als Erstes aber musste ein Experte die Sammlungen besuchen und bewerten. Die künstlerischen Details überließ Mühlmann bereitwillig anderen, er hatte sich ums Geschäft zu kümmern.

Für diese Details hatte er sich einen der führenden Experten für niederländische Malerei ausgesucht, den Thüringer Eduard Plietsch. Plietsch war kein Nazi, als großbürgerlicher Kunsthistoriker hatte er für sie eher Verachtung übrig, doch die Aussichten, die ihm dieser Auftrag bot, ließen ihn alle noble Zurückhaltung vergessen. Beruflich hatte er über Jahre mit zahlreichen holländischen Kunsthändlern zusammengearbeitet, er kannte die Kunstszene und die Sammlungen genau. Als er im Herbst 1940 engagiert wurde, lieferte er schon nach wenigen Tagen seinen Bericht ab – und bereits der machte deutlich, wie sehr den eleganten, etwas schrulligen und überdies stocktauben Kunsthistoriker das Fieber erfasst hatte. „Außerordentlich hohe Qualität" sprach er einigen Sammlungen zu: „Ausreichende finanzielle Mittel, kühne Initiative und ständige Beobachtung werden benötigt, um wichtige und wertvolle Objekte zu erwerben." Der jüdische Kunsthändler Albert Heppner erinnert sich in seinen Berichten den Kunstraub in Holland mit Schrecken an Plietschs Auftreten als Handlanger Mühlmanns. „Ich war wie erschlagen", erzählt der ebenfalls aus Deutschland geflüchtete Heppner, „dass dieser kunstverständige und begabte Mann nicht nur mit den Nazi-Dieben zusammenarbeitete, sondern auch unter der Hand Geschäfte machte, indem er einfach einige der beschlagnahmten Werke stahl." Der Deutsche nützte jetzt seine Detailkenntnisse des niederländischen Kunstmarkts, um jedes Bild, das die Sammler mit Tricks vor dem Zugriff der Nazis zu schützen versuchten, einzufordern. Ideologisch hielt er trotzdem bis zuletzt Distanz, keiner seiner Briefe an seine Auftraggeber ist mit „Heil Hitler" unterschrieben.

Doch Mühlmann hatte nicht nur Plietsch, er hatte auch den NS-Terror in der Hinterhand und der verschaffte ihm schnell Zugriff auf die zwei wichtigsten Kunstsammlungen, die es in diesem Land 1940 auszuplündern galt, die Sammlung von Jacques Goudstikker und jene von Fritz Mannheimer.

Mannheimer, ein in Stuttgart geborener Jude, besaß eine der wertvollsten Privatsammlungen in ganz Europa. Seine Galerie mit Werken von Rembrandt, Vermeer oder Canaletto konnte sich mit jener der Rothschilds messen. Aufgrund der Rassenverfolgung musste er Deutschland nach der nationalsozialistischen Machtergreifung verlassen und ging nach Amsterdam. Mithilfe eines jüdischen Bankhauses war es ihm gelungen, sein Vermögen und seine Gemäldesammlung aus Deutschland herauszuholen. Doch der beginnende Krieg und das Taumeln der Kurse an den Börsen ließen eines seiner wichtigsten Geschäfte mit dem französischen Staat platzen. Mannheimer geriet in eine finanzielle Notlage. Kurz vor Kriegsausbruch im Spätsommer 1939 starb er unter ungeklärten Umständen, vieles deutete auf Selbstmord hin. Die Gläubiger froren umgehend das Vermögen des Verstorbenen ein, seine Frau flüchtete nach Frankreich. Der größte Teil der Sammlung blieb in den Händen niederländischer Gläubiger. Der Zeitpunkt für Mühlmanns Auftritt war gekommen. Hitlers Kunstberater Hans Posse hatte ihm ja seit Monaten die Bedeutung der Mannheimer-Sammlung für das Führermuseum klargemacht und war dafür auch regelmäßig nach Holland gereist, um sich mit Plietsch und den anderen Experten zu beraten. „Der Führer wünscht sofortigen Ankauf der Sammlung Mannheimer", wurde von Sekretär Bormann direkt aus der Berliner Reichskanzlei nach Den Haag telegrafiert: „Ich bitte den Reichskommissar [gemeint ist Seyß-Inquart] den Verkauf an andere Stellen nicht zu genehmigen, sondern einen sofortigen Verkauf an Dr. Posse zu unterstützen."

Der Dresdner hatte im Auftrag des Führers unbeschränkte Geldmittel zur Verfügung, um auf dem inzwischen völlig überhitzten holländischen Kunstmarkt jedes Bild, das nach Linz sollte, kaufen zu können. Die Sonderkonten deutscher Banken wurden pausenlos neu befüllt. Posse selbst hatte bei seinen regelmäßigen Reisen nach Holland stets große Mengen Bargeld bei sich. „Alle Taschen voll holländischer, belgischer und französischer Devisen" habe er gehabt, erinnert sich ein Zeuge an ein

Treffen mit Posse im Nachtzug nach Holland. Posse war unterwegs, um zwei Werke von Frans Hals für das Führermuseum zu kaufen. Auf die Frage, ob man die denn so ohne Weiteres bekäme, antwortete er nur: „Wenn sie nicht da sind, werden sie halt vom Gauleiter Seyß-Inquart beschlagnahmt."

Mit blankem Terror in der Hinterhand ließen sich die nach außen hin legalen Geschäfte der Nazi-Kunsträuber meist schnell und problemlos abwickeln.

Auch bei der Sammlung Mannheimer war Mühlmanns Angebot an die holländischen Gläubiger schlecht und weit unter dem Wert der Kunstschätze, aber auch hier hatte er das bewährte schlagende Argument zu seiner Unterstützung. Mühlmann machte klar, dass er, falls sein Angebot nicht akzeptiert würde, die Sammlung schlicht als jüdisches Feindvermögen beschlagnahmen lassen könne. Dem war nichts entgegenzusetzen. Die Dienststelle Mühlmann übernahm die Gemälde und verkaufte sie mit der für ihre Aktivitäten vereinbarten Kommission von 15 % an Posse und andere Interessenten weiter.

Bei der anderen, mindestens ebenso bedeutenden Sammlung vor allem flämischer Gemälde, jener des jüdischen Kunsthändlers Jacques Goudstikker, kam Posse und Hitler zum ersten Mal ein Konkurrent in die Quere, der später bei der Plünderung der französischen Kunstsammlungen rücksichtslos alles, was ihm gefiel oder wertvoll erschien, an sich raffen würde: Hermann Göring. Der Reichsmarschall, anders als Hitler nicht von einem Wahn, sondern von blanker Gier angetrieben, schreckte nicht davor zurück, offen als Konkurrent aufzutreten: „Als Sammler sind wir, der Führer und ich, Privatpersonen, wer zuerst kommt, mahlt zuerst."

Auch die Sammlung Goudstikker war durch den Tod des Besitzers verwaist. Nachdem dieser sich erst spät, als die deutsche Armee schon Rotterdam bombardierte, zur Flucht entschlossen hatte, musste er fast seine ganze Sammlung in den Niederlanden zurücklassen. Bevor Goudstikker mit seiner Familie Rotterdam auf einem Schiff in Richtung Großbritannien verließ, überantwortete er seinen Angestellten etwa 1400 Kunstwerke ersten Ranges. Zwei Tage später verunglückte er beim Weg über den Ärmelkanal unter mysteriösen Umständen tödlich. Ob Goudstikker tatsächlich beim Rauchen einer Zigarette an Deck in eine ungesicherte Luke gestürzt war oder vielmehr Selbstmord begangen hatte, konnte nie geklärt werden.

Die in Holland zurückgebliebene Sammlung lag damit in Griffweite der Kunsträuber – und diesmal schlug nicht Hitlers, sondern Görings Handlanger als Erster zu. Alois Miedl, ein Münchner, der seit 1930 in den Niederlanden wohnte und sich bis dahin eher an dubiosen Devisengeschäften bereichert hatte, erlebte jetzt seine Sternstunde als Kunsthändler. Selbst mit einer Jüdin verheiratet, begann er Kontakt mit Goudstikkers im Land verbliebener Mutter Emily aufzunehmen. Er täuschte Interesse an einigen Gemälden vor und nützte die Gespräche mit der alten Dame, die Anteile an der Sammlung hielt, um dieser deutlich zu machen, dass sie ohne seinen Schutz den Nazis hilflos ausgeliefert sei. Um die Sammlung vor der Beschlagnahmung als jüdisches „Feindvermögen" zu retten, müsse man sie verkaufen – und natürlich am besten an ihn. Emily Goudstikker gab schließlich nach, und die Sammlung gelangte über einen anderen Kunsthändler, der sich ebenfalls den neuen Herren angedient hatte, an Miedl und somit an Hermann Göring. Die weiteren Transaktionen waren längst bis ins Detail durchgeplant. Schließlich konnte Göring 780 Kunstwerke in seine Brandenburger Villa Carinhall schaffen lassen, Hitler bekam vorerst 50 Stück für das Führermuseum und Miedl machte Millionen. Einige der kostbarsten Stücke von Rembrandt, Rubens, Jan und Pieter Brueghel oder Lucas Cranach, die später in Altaussee auftauchen sollten, stammten aus der Sammlung Goudstikker: Hitlers Museum wuchs und wuchs.

Und seine Beschaffer machten bei Goudstikker und Mannheimer nicht halt. Die Operation Kunstraub in den Niederlanden nahm immer mehr Fahrt auf – und sie wurde, während die Deportationszüge in die Vernichtungslager im Osten rollten, immer brutaler. In den ersten Monaten der Besatzung hatte man sich bemüht, die Kunstwerke – wenn auch mithilfe von Druck, Terror und kollaborierenden Kunsthändlern – zumindest dem Schein nach legal zu erwerben. Bald aber bediente man sich immer offener der Beschlagnahmung. „Die Beschlagnahmungen wurden sorgfältig inszeniert", erinnert sich der Kunsthändler Heppner an seine eigenen Erlebnisse: „Jede Aktion wirkte anfangs wie ein einmaliges Ereignis. Man machte uns weis, wenn wir noch einmal zusammenarbeiten würden, würde es keine negativen Folgen für uns geben: ‚Warum wollen Sie all Ihre Freiheit riskieren, um dieses Bild zu retten?'" Wenn einer der in Panik geratenen jüdischen Sammler einen Fehler machte, nützten ihn Mühlmann und seine Experten gnadenlos aus. Frits Lugt etwa – auf seine Sammlung war Kunstjäger Plietsch von Beginn an versessen – bediente sich wie viele andere eines Tricks, um Bilder vor dem Zugriff der Nazis zu schützen: Er überschrieb sie an Freunde und Bekannte. Einer seiner Mitarbeiter aber wurde von den Nazis mit Geld und dem Angebot eines lukrativen Postens gelockt und verriet seinen Chef. Die Dienststelle Mühlmann ortete umgehend „staatsfeindliche Handlungen" und konfiszierte die Sammlung. Auch solche Vorwände wurden, je länger der Krieg dauerte, immer seltener benötigt. Das „Feindvermögen" wurde einfach beschlagnahmt.

Da Hitler und Göring sich inzwischen die wertvollsten Sammlungen gesichert hatten, griffen andere Nazi-Größen nun rückhaltlos zu. Seyß-Inquart stopfte seinen Amtssitz mit Raubkunst voll, Hans Frank, der als NS-Generalgouverneur in Polen schon dieses Land konsequent ausgeraubt hatte, meldete sich ständig mit neuen Wünschen bei Mühlmann in Den Haag. Waggonweise wurden Kunst und Antiquitäten für „König Stanislaus V." – so Hitlers Spitzname für seinen gierigen Statthalter – nach Warschau transportiert.

Noch viel schneller, konsequenter und brutaler rollte die deutsche Kunstraub-Operation in Frankreich an. Hitler war schon am 23. Juni, einen Tag nach Unterzeichnung des Waffenstill-standsabkommens, mit seinem Architekten Albert Speer und seinem Lieblingsbildhauer Arno Breker, die beide Paris sehr gut kannten, in die französische Hauptstadt gereist, um einen ersten prüfenden Blick auf die Kunstschätze der Stadt zu werfen. Schon drei Tage danach bekam die Wehrmacht von Hitler den Befehl, Kunstwerke, egal ob in privatem oder staatlichem Besitz, „sicherzustellen". Die Aufgabe wurde einer Sondereinheit der Wehrmacht anvertraut, der Kunstschutz-Truppe unter der Führung des frankophilen Kunsthistorikers Franz Graf Wolff-Metternich. Überzeugt davon, dass sich die Wehrmacht gerade in der von ihm so bewunderten Kulturnation peinlich genau an die Regelungen der Haager Konvention zu halten habe, ließ er historische Gebäude für die Einquartierung von Truppen sperren, schickte seine Experten zu privaten Kunstsammlern und Schloss-besitzern, um diese bei der Sicherung ihres Besitzes zu unterstüt-zen. Kunstwerke sollten, wenn überhaupt, dann einzeln und nur nach einem eigenen Ansuchen aus Berlin angekauft werden. Schon nach wenigen Wochen war man sich dort im Klaren, dass der geplante großflächige Raubzug durch die Kunstsammlungen Frankreichs mit dem Kunstschutz der Wehrmacht nicht durch-führbar war. Also mussten neue Leute, neue Einsatzkräfte und neue Befehle her.

Am eiligsten hatte es wieder einmal Göring. Der Reichsmar-schall, der ja schon in Holland mit Hitler um wichtige Kunst-werke gewetteifert hatte, war jetzt in Frankreich fest entschlos-sen, mit beiden Händen zuzugreifen. Carinhall, seine pompöse Residenz im Berliner Umland, sollte waggonweise mit erstklassi-ger Kunst befüllt werden. Anfang November erließ Göring einen Befehl, der ihm den weitgehend unkontrollierten Zugriff auf die „herrenlosen" jüdischen Kunstsammlungen des Landes sichern sollte. In den Sammlungen der Rothschilds, der Brüder Bern-heim-Jeune oder von Alphonse Schloss steckte ein großer Teil des französischen Kunstbesitzes. Wieder waren die Besitzer vor dem Einmarsch der Deutschen geflohen und hatten ihre Kunstschätze zurücklassen müssen. Der Göring-Befehl legte fest, wer sich in welcher Reihenfolge bedienen durfte. Nummer eins musste natürlich Hitler sein, doch gleich dahinter kamen „diejenigen Kunstgegenstände, die zur Vervollständigung der Sammlungen des Reichsmarschalls dienen". Hinter Göring, als Nummer drei, kam die Institution, die jetzt die Plünderung all dieser Sammlungen zu organisieren hatte: der ERR, oder „Einsatzstab Reichsleiter Rosenberg". Alfred Rosenberg, einer von Hitlers Chefideologen, war mit der Gründung einer „Hohen Schule" beauftragt worden, einer Art Zentralstelle zur wissenschaftlichen Arbeit im Nationalsozialismus. Und Basis dieser Arbeit sollten auch die Dokumente, Schriften und Werke all jener Ideologien und Rassen sein, die der Nationalsozialismus besiegt hatte. So verstiegen und nebulos dieses Projekt auch war, im Herbst 1940 kam – natürlich auf massives Betreiben Görings – ein ganz handfester Auftrag dazu. Der ERR sollte die „herrenlosen jüdischen Sammlungen" im höheren ideologischen Auftrag beschlagnahmen und für „das Reich sicherstellen". Die neue Einsatztruppe wurde großzügigst mit Geld und Experten ausgestattet. Etwa 60 Spezialisten, vom Kunsthistoriker bis zum Archivar und Sammlungskurator, wurden aus Deutschland angekarrt. Obwohl der ERR eigentlich eine zivile Truppe war, bekamen seine Mitglieder eine eigene Uniform, die stark an jene der SS erinnerte, was bei ihrem Auftreten oft für Verwirrung oder sogar Panik sorgte.

Diese Truppe begann umgehend mit der großflächigen Beschlagnahmung von Kunstsammlungen. „Planmäßig wurden die Landsitze der einzelnen Mitglieder der Familie Rothschild, sowie die bekannten Loireschlösser nach Kunstwerken durchsucht und dabei sehr bedeutende Teile der weltberühmten Rothschildschen Kunstsammlungen für das Reich sichergestellt", schreibt Robert Scholz, der Leiter der Einsatztruppe für die Bildende Kunst, in seinem Bericht. Als „planmäßig" beschreibt der Kunsthistoriker Scholz fast jede der Operationen, die er zu verantworten hatte: „Planmäßig wurden alle verlassenen Wohnungen der begüterten Pariser Juden sowie die Lagerhäuser aller

Speditionsfirmen und viele andere sehr oft durch französische Arier getarnte Kunstdepots emigrierter Juden durchsucht." Und da der ERR ja im höheren ideologischen Auftrag handelte, genierte sich Scholz nicht, sich über die französischen Behörden und die Juden zu beklagen, die die Arbeit so mühsam machen würden: „Die Nachforschungen wurden durch die bewusste Sabotage der französischen Behörden sowie durch Verschleierungen der von den Juden als Treuhänder ihres Besitzes vorgeschobenen französischen Arier oft außerordentlich erschwert."

Die eifrigen deutschen Kunstexperten aber ließen sich von solchen Widrigkeiten nicht aufhalten und leisteten ganze Arbeit. In wenigen Monaten wurden mehr als 20 000 Kunstwerke aus über 200 Sammlungen zusammengetragen. In Berlin schätzte man den Wert auf über eine Milliarde Reichsmark. Zentrale Sammelstelle für das Raubgut wurde vorerst der Louvre. Die Franzosen hatten ihn ja noch vor Kriegsausbruch weitgehend leergeräumt und die Kunstwerke in Schlössern im ganzen Land in Sicherheit gebracht. Nach wenigen Wochen schon gingen die Räume des Museums über und man verlegte sich auf das Jeu de Paume unweit des Louvre in den Pariser Tuilerien. Dort wurden die Kunstwerke inventarisiert, fotografiert und für den Abtransport nach Deutschland verpackt. Vorher aber kam Hermann Göring persönlich, der den ERR inzwischen zum perfekten Vehikel für die Befriedigung seiner Gier nach Kunst gemacht hatte, um aus jeder neuen Lieferung, die im Museum eintraf, das Beste für sich auszusuchen: Sobald eine neue Sammlung angeliefert wurde, ließ sich der Reichsmarschall in Berlin informieren und war innerhalb von 48 Stunden in Paris: Ein gutes Dutzend Besuche Görings im Jeu de Paume sind allein im ersten Jahr der deutschen Besatzung in Frankreich dokumentiert, nur um möglichst rasch die neuen Lieferungen begutachten und daraus für seine Sammlung auswählen zu können. Göring verbrachte oft einen ganzen Tag zwischen den Kunstwerken, nahm Bild um Bild prüfend in die Hände und wurde dabei oft von nackter Raubgier regelrecht gepackt. So etwa, als die Sammlungen des

68

französischen Zweigs der Rothschilds im Jeu de Paume angeliefert wurden. Der Reichsmarschall, der den ERR inzwischen
ganz nach Belieben einsetzen konnte, hatte die Palais und
Schlösser der Rothschilds minutiös leerräumen lassen. Neben
den mehr als 100 „Packstücken", auf die – wie der amtliche
Bericht vermerkt – „Kunstgegenstände und Schmuck aus dem
Eigentum der verschiedenen Angehörigen der Familie Rothschild" verteilt waren, hatte man bei der Plünderung offensichtlich begonnen, aus Mangel an geeignetem Verpackungsmaterial
Tafelsilber und Essbesteck in Körbe zu schütten, die jetzt in den
Lagerhallen des Museums auf Göring warteten. Doch der hielt
sich bei diesem Besuch nicht lange mit Kunst und schon gar nicht
mit Essbesteck auf. Er wolle die Juwelen sehen, herrschte er seine
Experten an. Als man ihm die Schatullen mit den Schätzen der
Rothschilds brachte, begann der Reichsmarschall wie ein mittel-
alterlicher Raubritter darin herumzuwühlen und die Beute
danach freihändig auf zwei Haufen zu verteilen. Der größere Teil
sollte nach Carinhall geschafft werden, der kleinere in die Reichskanzlei zu Hitler. Tatsächlich ist dieser Teil der Rothschild-
Juwelen an Hitler geliefert worden und landete schließlich in den
Stollen von Altaussee.

Dass Göring über diese Schätze nach eigenem Gutdünken entscheiden konnte, obwohl auch in Frankreich der „Führervorbehalt" galt und Hitler eigentlich immer den ersten Zugriff auf das
Beutegut sichern sollte, hatte vor allem praktische Gründe.
Hitlers Interesse an Frankreich und an den dortigen Kunstwerken war bald nach dem ersten Besuch erlahmt. Der Feldzug
gegen die Sowjetunion hatte begonnen und nahm ihn völlig in
Beschlag. Göring dagegen war nicht nur ständig vor Ort, er hatte
auch die Mittel zur Verfügung, ohne die der ERR gar nicht hätte
operieren können. Göring war Chef der Luftwaffe und die musste,
egal von welcher Front man Autos, LKWs oder Flugzeuge ab-
ziehen musste, parat stehen, um Kunst für den Reichsmarschall
zu transportieren. Im Jeu de Paume war sogar eine eigens abkom-
mandierte Luftwaffen-Einheit damit beschäftigt, den Experten

beim Verpacken der Kunstwerke zur Hand zu gehen. Göring setzte alles in Bewegung, um das Raubgut möglichst schnell nach Deutschland zu schaffen. Im April 1941 verließ der erste Transport Paris. Da Güterwaggons wegen des Krieges nicht zu bekommen gewesen waren, hatte Göring Luxus-Personenwaggons aus dem ganzen Reich eingezogen und nach Paris rollen lassen. „Die Vorbereitungen […] sind jetzt so weit gediehen, dass der Abtransport des wertvollsten Teils der Sammlungen in allernächster Zeit in der mit dem Herrn Reichsmarschall vereinbarten Form durch Sonderzug erfolgen kann", meldete Scholz stolz nach Berlin. Die restliche Inventarisierung, Sichtung und Verpackung des beschlagnahmten „herrenlosen" Kunstbesitzes dürfte im Hinblick auf das außerordentlich umfangreiche Material noch einige Wochen in Anspruch nehmen, umso mehr, als immer noch neues Material hinzukäme. Insgesamt bestand dieser erste Transport aus 30 Waggons, die sich mit den Sammlungen Rothschild, Seligmann und David-Weill in Bewegung setzten, selbstverständlich mit Begleitschutz einer Luftwaffeneinheit. Sogar Jagdflugzeuge, die man in diesen Tagen längst woanders dringend gebraucht hätte, sicherten den Transport aus der Luft.

Drei Tage später sollte er Neuschwanstein in Bayern erreichen. Das bizarre Märchenschloss des Bayernkönigs Ludwig war der erste Sammelplatz für die Raubkunst aus Frankreich, die von dort auf ihre neuen Eigentümer verteilt wurde: Göring, Hitler, andere NS-Größen, deutsche Museen. Ein paar Monate später rollten die nächsten 28 Waggons. Danach ließ der Krieg solche logistischen Großeinsätze nicht mehr zu. Von da an wurde die Raubkunst per LKW ins Reich gebracht. Die Beute aber, die bei diesen ersten Transporten auf einmal in Berlin ankam, war so gigantisch, dass man nicht so recht wusste, wo man sie unterbringen sollte, wie dieser Bericht eines ERR-Beamten deutlich macht: „Es musste Vorsorge getroffen werden, dass im Keller der Reichskanzlei ein entsprechender Raum für die Übernahme von etwa 15 Waggons Kunstgut, Bilderkisten und Möbel geschaffen wird. Zu prüfen wäre hierbei, ob die Keller der Neuen Reichskanzlei sich für die Übernahme von so wertvollen Kunstwerken eignen, […] weil von irgendeiner Seite behauptet wurde, dass die Keller feucht waren."

Obwohl vor allem Göring in Frankreich die Sammlungen ausräumte, ohne sich wie in Holland um eine rechtsstaatliche Fassade für die Raubzüge zu kümmern, wurden auch in Frankreich oft Kunsthändler und Treuhänder zwischengeschaltet, um die Beschaffung einzelner Kunstwerke zumindest dem Schein nach zu legalisieren. Doch wie zweifelhaft diese Geschäfte waren, macht der Bericht der alliierten Militärkommission deutlich, die nach Kriegsende eine erste Untersuchung des Kunstraubs in Frankreich vornahm. „Es ist eindeutig festgestellt worden", schreibt der leitende Offizier James S. Plaut, „dass Göring den Einsatzstab – oder auch irgendeine andere Organisation, oder einzelne Persönlichkeiten – nie für die auf diese Weise beschafften Kunstwerke bezahlt hat. Nicht einmal eine Form der Bezahlung wurde jemals festgelegt."

Göring selbst war jedes Unrechtsbewusstsein für seine Raubzüge fremd. Hatte er nicht mehr als genug für die Rettung von Kulturgut getan? Ein Schreiben an Alfred Rosenberg zeigt auf fast schon groteske Weise diese Überzeugung des Reichsmarschalls: „Besonders wertvolle Kulturgüter aus jüdischem Besitz mussten durch mich aus ihren Verstecken geholt werden, da ich schon von langer Hand durch Einsatz von Bestechungsgeldern und Engagieren französischer Detektive und Kriminalbeamter ganz schwer zu findende Verstecke herausgefunden habe."

Selbst der Wehrmacht und ihrer Kunstschutz-Einheit erschien die Gier, mit der sich Göring und der ERR über alles hermachten, obszön. Der Leiter des Kunstschutzes, Metternich-Wolff, wandte sich mit seinem Protest direkt nach Berlin: Kunstwerke in französischem Besitz ohne Wissen und Erlaubnis des militärischen Befehlshabers zu entfernen, widerspreche Hitlers Schutzorder. Doch der ERR und vor allem Göring ließen sich von solchen Zwischenrufen nicht irritieren. Bald begannen auch Offiziere, sich öffentlich über die Vorgangsweise zu empören, unter der „das deutsche Ansehen besonders Not leiden musste". Die „deutsche Eigentumsmoral" stehe unter „Gesamtverdächtigung".

Den ausführlichsten und offensten Bericht über das skrupellose Vorgehen des ERR lieferte mitten im Krieg ein Jurist der deutschen Besatzungstruppen: Walter Bargatzky. Für die Wehrmacht, schrieb er, „ging es um die Verhinderung von Völkerrechtsbrüchen und Bereicherungen, also, deutlicher gesprochen, um die Frage, ob sich die Besatzungsmacht anständig oder unanständig betrug". Bargatzky berichtet über „zahlreiche deutsche Diensträume in Paris, darunter auch das Botschaftsgebäude, die mit französischen Kunstwerken ausgestattet waren". Bargatzky erstellte sogar Rechtsgutachten gegen die „völkerrechtswidrige Verbringung von Kunst und Kulturgütern". Überflüssig zu erwähnen, dass auch er damit kein Gehör fand. Göring hatte Carinhall gerade um 15 Millionen Reichsmark aus der Kasse des Luftfahrtministeriums ausbauen lassen. Er hatte ganze Zimmerfluchten zu füllen, und das tat er.

Die Gier des Reichsmarschalls aber ließ ihn nicht nur mit der Wehrmacht, sondern auch bald mit Posse und mit Hitler in Konflikt kommen. Hitlers Sekretär Bormann macht in einem Schreiben an Posse seinen Ärger deutlich: „Offenbar war Herrn Doktor Scholz noch nicht bekannt, dass erstens sämtliche Kunstschätze im besetzten Ausland der Verteilung des Führers unterliegen, zweitens, dass die Sachverwaltung für den Führer durch sie erfolgt."

Um dem offenen Konflikt mit Hitler auszuweichen, sorgte Göring nun dafür, dass Posse schon aus den ersten Transporten die für ihn wichtigen Stücke erhielt. So gingen mehrere Portraits von Frans Hals und Rembrandt, François Bouchers „Madame de Pompadour" und vor allem „Der Astronom" von Vermeer, eines von Hitlers Lieblingsgemälden, an die Reichskanzlei. Sie alle waren von Posse für das Führermuseum vorgesehen. Der Dresdner aber hatte sein Hauptaugenmerk auf eine andere Sammlung gerichtet, jene des 1911 verstorbenen Alphonse Schloss.

Der in Österreich geborene Schloss war schon 1871 nach Frankreich gezogen, um dort eine der größten Sammlungen klassischer flämischer Malerei aufzubauen, die nunmehr seinen Nachkommen gehörte. Dass Schloss gebürtiger Österreicher war, genügte für eine sofortige Beschlagnahmung der Sammlung als Raubkunst. Das Dumme war nur, dass diese inzwischen aus Paris verschwunden war. Es sollte Jahre dauern, bis die Gestapo die Bilder mit der Hilfe von französischen Kollaborateuren in einem Schloss im nicht besetzten Zentralfrankreich aufspürte. Es war ein schäbiger Handel mit der Vichy-Regierung: Sie lieferte die Familie des verstorbenen Alphonse Schloss und seine Sammlung den Deutschen aus, die ließen dafür 49 Gemälde für den Louvre zurück. Die Rembrandts und Brueghels allerdings gingen nach Deutschland, Hitler hatte seine gewünschten Glanzstücke für Linz.

Je größer Hitlers Sammlung wurde, desto quälender wurde das Platzproblem. Die Werke wurden anfangs nach München transportiert und dort in den Räumlichkeiten des Führerbaus mehr schlecht als recht untergebracht. Vor allem in den Kellern hingen die Bilder bald dicht an dicht. Man begann andere Möglichkeiten zur Lagerung zu suchen. So wurden Bilder ins bayerische Schloss Neuschwanstein geschafft. Hitlers Wunsch, zumindest Teile der Ausstellung schon während der Kriegsjahre in einem passenden Rahmen präsentieren zu können, erfüllte sich allerdings nie. Die Führerbau-Ausstellung blieb immer ein Provisorium. Posse suchte daher nach einer anderen Möglichkeit, die Bilder stilvoll zu präsentieren.

Er begann die Sammlung in München fotografieren zu lassen und stellte Fotoalben zusammen, die Hitler ab 1940 in regelmäßigen Abständen präsentiert wurden, meistens zu seinem Geburtstag und zu Weihnachten. 19 der ehemals 31 Bände sind noch erhalten. Die Wiener Kunsthistorikerin Birgit Schwarz hat diese Fotoalben vor einigen Jahren in der Oberfinanzdirektion in Berlin gefunden und wissenschaftlich ausgewertet. Sie geben am ehesten eine Vorstellung, wie das Museum, das nach Kriegsende in Linz entstehen sollte, aussehen sollte, oder zumindest, wie es Posse konzipiert hatte. Ob Hitlers Vorstellungen irgendwann davon abwichen, wird sich wohl nie feststellen lassen. Seine diesbezüglichen Aussagen, soweit sie dokumentiert sind, klingen oft verwirrend und widersprüchlich. Hitler scheint sich oft in seinen eigenen Vorstellungen von einem idealen Museum verloren zu haben, und zwar bereits, als der riesige Bau in der Führerstadt Linz noch ein konkreter Plan und nicht nur die zunehmend wirre Vision der letzten Kriegsmonate war.

Der Krieg und die zunehmenden Bombenangriffe der Alliierten geboten dem organisierten Kunstraub zwar nicht Einhalt, die Verwirklichung der Pläne für Linz aber rückte in immer weitere Ferne. Nicht mehr die Ausstellung, sondern die bombensichere Lagerung der Kunstschätze musste organisiert werden. Bald rollten die Transporte aus München und Berlin in Richtung Süden. Im Gau Oberdonau, dem „Luftschutzkeller des Deutschen Reiches", fand man geeignete Depots, wie etwa die Stifte Kremsmünster und Hohenfurth/Vyšší Brod im heutigen Tschechien. Bald aber waren auch diese Lager nicht mehr sicher genug, und Hitlers „Führermuseum" trat seine letzte Reise an, ins Salzbergwerk nach Altaussee in der Steiermark.

Der Raub von Michelangelos Madonna war die wohl letzte und wahrscheinlich dramatischste Episode des Nazi-Kunstraubzuges durch Europa. In den ersten Herbsttagen des Jahres 1944 stießen die alliierten Truppen nach Belgien vor, ohne noch auf nennenswerten Widerstand zu stoßen. Brüssel stand kurz vor dem Fall. Der bisher geordnete deutsche Rückzug war stellenweise in eine wilde Flucht ausgeartet. Ganze Züge voll mit Versorgungsgütern, aber auch mit geraubten Besitztümern aus Frankreich wurden von der Wehrmacht zurückgelassen. Der Küster der Liebfrauenkirche von Brügge hatte eigentlich schon mit britischen Truppen gerechnet, als ihn frühmorgens am 8. September 1944 heftiges Klopfen aus dem Bett holte. Eine deutsche Marineeinheit stand vor der Pforte und verlangte, in die Kathedrale eingelassen zu werden. Darin, in einem eigens von Belgien zu Kriegsbeginn errichteten Sonderraum, stand Michelangelos Madonna – und genau die wollten die Deutschen abholen. Man habe Befehl, so teilte der leitende Offizier dem Küster mit, die Madonna vor den Bombenangriffen der Amerikaner zu retten. Außerdem sei es die Pflicht des deutschen Reiches, das Kunstwerk für Europa und für die katholische Kirche zu retten.

Genau mit derselben Begründung war schon ein paar Tage zuvor eine deutsche Delegation in der Kirche erschienen, an ihrer Spitze der Kunsthistoriker Heinz Rosemann, Leiter des Kunstschutzes in Belgien: Er sei gekommen, um sich von einem seiner liebsten Kunstwerke zu verabschieden. Rosemann hatte eine Ladung Matratzen mitgebracht, die seine Leute in die Kirche schleppten und um die Madonna drapierten, um sie zu schützen. Diese Matratzen dienten der Marineeinheit jetzt, ein paar Tage später, um die lebensgroße, Hunderte Kilos schwere Marmorstatue von ihrem Sockel zu holen, einzupacken und aus der Kirche zu schleppen. Draußen schaffte man sie auf einen als Rot-Kreuz-Wagen getarnten LKW und verschwand mit ihr. Wie, auf welchen Wegen und mit welchen Verkehrsmitteln die Madonna in den nächsten zwei Monaten unterwegs war, ist nur teilweise bekannt. Zunächst verluden sie die Marinesoldaten auf ein kleines Schiff, das am Hafen wartete, um die Statue nach Deutschland zu bringen. Der für die Aktion verantwortliche Offizier berichtete später, dass „infolge des plötzlich ausbrechenden Orkans die See derart bewegt war, dass die Ladung auf der Fähre nicht absolut gesichert werden konnte". Die Madonna überstand die Fahrt und kam heil in Deutschland an. Von dort wurde sie entweder per LKW weitertransportiert oder auf einen der vielen Züge verladen, die in diesem Spätherbst Tonnen Raubkunst in Richtung Salzkammergut brachten – in die Bergwerke, in denen sie die letzten Kriegsmonate verbringen sollten. Michelangelos Meisterwerk – das einzige, das zu seinen Lebzeiten außerhalb Italiens aufgestellt worden war – schaffte es bis nach Bad Aussee und wurde von dort durch den bereits meterhoch liegenden

Schnee auf den Salzberg und in den Stollen geschafft. Ob sie Hitler für sein Führermuseum wollte, oder ob eine andere NS-Größe diesen letzten Raubzug angeordnet hatte, bleibt unbekannt. Im Mai 1945 jedenfalls holten sie die alliierten Kunstexperten in Altaussee zurück ans Tageslicht.

Gelangte das mit Sicherheit berühmteste europäische Kunstwerk der Welt auf einem ähnlichen Weg ins Salzkammergut? War Leonardo da Vincis Mona Lisa tatsächlich in Altaussee eingelagert? Gerüchte darüber tauchen seit Jahrzehnten immer wieder auf, werden von amerikanischen Autoren wie Noah Charney („The thefts of the Mona Lisa") oder den britischen Populärhistorikern Peter Harclerode und Brendan Pittaway („The Lost Masters, the looting of Europe's treasurehouses") in allen der Realität nur irgendwie nahekommenden Details geschildert. Erhärten aber lässt sich keine dieser Theorien. Den wahrscheinlich stärksten Hinweis auf die Anwesenheit der Mona Lisa in Bad Aussee liefert der Bericht, den der Polizeibeamte und frühere Ausseer Widerstandskämpfer Valentin Tarra in den ersten Wochen nach Kriegsende den britischen Truppen in Bad Aussee diktierte. Darin listet Tarra auch die Kunstschätze auf, die er und seine Mitkämpfer aus den Stollen gerettet hätten. Alle Details und Hintergründe dazu werden im Folgenden noch eingehend geschildert. Fürs Erste genügt die Anfangszeile der Liste geretteter Kunstwerke: „Die Mona Lisa". Tarras Aussage ist auch in den Aufzeichnungen der US-Besatzungstruppen dokumentiert. Sogar in dem von der österreichischen Regierung 1946 offiziell veröffentlichten „Rot-Weiß-Rot-Buch", das allerdings vor historischen Unwahrheiten nur so strotzt, wird die Entdeckung der Mona Lisa durch den Polizeibeamten gewürdigt.

Was veranlasste Tarra, den britischen Verhörbeamten diesen Namen zu diktieren? Wollte er nur seine heroische Leistung entsprechend aufputzen, sich mit dem Namen des berühmten Kunstwerks schmücken oder hatte er tatsächlich das Bild aus dem Stollen geschafft? Wenn ja, dann nahm es von da an einen

Weg vorbei an allen Kontrollen, Protokollen und Listen, die die alliierten Befreier über die Kunstschätze von Altaussee anlegten. Auch am sogenannten „Central collecting point" in München, an dem alle aus Altaussee und den anderen Kunstdepots im Salzkammergut stammenden Werke zusammengetragen wurden, ist die Mona Lisa nie aufgetaucht. Am 16. Juni 1945 schließlich trifft sie wohlbehalten wieder im Pariser Louvre ein.

Den Louvre hatte da Vincis Portrait am 27. August 1938 verlassen, wenige Tage vor Kriegsbeginn. Direktor Jacques Jaujard hatte die umfassende Räumung des Museums angeordnet, da man deutsche Bombenangriffe fürchtete. Farbpunkte auf der Rückseite jedes Gemäldes zeigten die Dringlichkeit der Evakuierung. Ein roter Punkt bedeutete „Dringend" und die Mona Lisa hatte zwei davon. Eingepackt in eine Holzkiste und angeblich auf dem Schoß von Direktor Jaujard persönlich, wurde das Bild in einem Auto aus der Stadt geschafft. Die Kunstwerke wurden über Schlösser und Klöster in ganz Frankreich verteilt, die Mona Lisa kam ins Château de Chambord an der Loire. Nachdem die deutsche Armee Frankreich angegriffen und schließlich Paris erobert hatte, beschloss man das Bild besser zu verstecken. Die Mona Lisa ging wieder auf Reisen, diesmal aber festgeschnallt auf der Liege eines Ambulanzwagens, der zur Sicherheit versiegelt worden war. Man schaffte sie ins nächste Schloss, diesmal im zentralfranzösischen Städtchen Chauvigny, und von dort aus, vermutlich im September 1942, ins Château de Montal in den französischen Pyrenäen. Auf weitere Zwischenstationen gibt es nur vage Hinweise. Mit dem Eintreffen des Gemäldes in Montal verlief sich seine Spur, und sein Aufenthaltsort in den nächsten drei Jahren ist bis heute undokumentiert. Hinweise darauf, dass Hitler sich das Bild für sein Führermuseum wünschte oder Göring es sich aneignen wollte, gibt es keine. Der Louvre hat alle Vermutungen über eine Beschlagnahmung der Mona Lisa durch die Deutschen immer zurückgewiesen. Auch gegenüber dem Autor dieses Buches bleibt man strikt bei dieser offiziellen Darstellung. Die Mona Lisa, so die Stellungnahme, habe in keinem

Augenblick französisches Territorium verlassen und sei immer unter der Kontrolle französischer Experten gewesen. Das Original habe knapp vor Kriegsbeginn die beschriebene Reise durch Frankreich bis nach Montal angetreten und sei von dort nach Paris zurückgekehrt.

Gegenüber Harclerode und Pittaway aber, die nicht lockerließen, hatte man sich auf die Auskunft verlegt, dass tatsächlich eine Mona Lisa nach Altaussee gebracht und dort eingelagert worden sei. Es habe sich dabei allerdings nicht um das Original, sondern um eine der zahlreichen zeitgenössischen Kopien gehandelt. Noah Charney schließt daraus, dass sich die deutschen Besatzer tatsächlich auf die Jagd nach der Mona Lisa gemacht hätten, aber von Jacques Jaujard in die Irre geführt worden seien. Eine SS-Einheit auf dem Rückzug 1944 soll eines der Schlösser, in die der Louvre seine Gemälde ausgelagert hatte, überfallen und in Brand gesteckt haben. Die beiden britischen Autoren vermuten, dass die Deutschen bei dieser Gelegenheit die Mona Lisa an sich gebracht haben könnten. Das ist allerdings reine Spekulation.

Noah Charney spinnt diese Theorie in seinen Arbeiten noch weiter. Ganz bewusst, so sieht es der US-Autor, habe man die Deutschen hinter einem falschen Gemälde hinterherjagen lassen, und dieses sei zuletzt in Altaussee gelandet, wo es dann – wie im Polizeibericht dokumentiert – der Widerstandskämpfer Valentin Tarra retten durfte. Dass allerdings am Sammelpunkt in München nie jemand eine Mona Lisa zu Gesicht bekam, dafür gibt es inzwischen eine zumindest plausible Erklärung. Vier Waggons mit aus Frankreich geraubter Kunst wurden nach Kriegsende rasch aus Altaussee über Salzburg direkt nach Paris geschleust. Die besagte Kopie, die so unbemerkt nach Frankreich zurückkehrte, soll übrigens noch Jahrzehnte nach dem Krieg in der Direktionsetage des Louvre gehängt sein. Die echte Mona Lisa hingegen, so die letzte Version der Spekulationen, soll Paris gar nie verlassen haben.

Die Flucht ins Dunkel

„Die seekrank machenden Fahrten früh und abends auf dem offenen Raupenschlepper, der seltsame Anblick der Bäume entlang der Straße, die bis zu den Kronen im Schnee steckten, die Tagesarbeit im Berg bei einer konstanten Temperatur von 7 Grad ohne irgendeine Möglichkeit des Aufwärmens." So erinnert sich die Kunsthistorikerin Eva Frodl-Kraft an den strengen Winter 1943/44, als sie täglich zwischen Bad Aussee und dem Salzberg hin und her fuhr. Als Fotografin begleitete sie damals den Weg von Kunstschätzen aus ganz Europa in die Salzbergwerke von Altaussee und Bad Ischl, allen voran die Sammlung Adolf Hitlers, die eines Tages im Linzer Führermuseum stehen sollte, jetzt aber unter der Erde verschwand. Frodl-Kraft dokumentierte das unter dem Decknamen „Dora" laufende Projekt von den Anfängen 1943, als die ersten Bilder und Statuen aus österreichischen Kirchen und Klöstern angeliefert wurden, bis zu den letzten chaotischen Transporten, vollbeladen mit Kunst, Hausrat und flüchtenden Menschen, die in den ersten Märztagen 1945 in Bad Aussee einrollten.

Die Kunstbergung in den Salzbergwerken des Ausseerlandes war ein bizarrer Kraftakt des bereits schwer angeschlagenen NS-Regimes, den es trotzdem bis zuletzt, als statt Lastwagen Ochsenkarren die Bilder auf den Berg schafften, durchhielt. Hunderte Tonnen Holz wurden anstatt in die zerbombten Städte in die Stollen geschickt, um die Lagerstätten für Gemälde auszukleiden, Güterzüge und LKWs wurden oft von der Front abgezogen, um die Transporte durchzuführen. Und Arbeiter, die im restlichen Reich längst zwangsweise für die Wehrmacht und zuletzt für den

Volkssturm rekrutiert worden wären, blieben hier weiterhin an ihrem Arbeitsplatz im Bergwerk, um Kiste für Kiste mit Kunstwerken auf den Salzberg und in die Stollen zu bringen. In einer Zeit, als die deutschen Truppen an allen Fronten längst im Rückzug waren, Deutschlands Industrie unaufhörlich bombardiert wurde und jede Fabrik, die noch lief, für die Rüstungsproduktion abgestellt worden war, verschaffte ein Befehl von ganz oben dem Unternehmen in Altaussee lange Zeit fast unbeschränkt Zugang zu Material und Arbeitskräften. Hitler selbst hatte beschlossen, sein Führermuseum unter die Erde zu bringen, es so für die Führerstadt Linz, die nie entstehen sollte, aufzubewahren. Und wie schon beim 1944 allmählich zu Ende gehenden Kunstraubzug quer durch Europa sicherte ein „Führervorbehalt" den Kunsttransporten absoluten Vorrang.

Es war der Leiter des in Wien angesiedelten Bundesdenkmalamtes Herbert Seiberl, der das Interesse der Reichskanzlei für die Bergwerke des Ausseerlandes wecken sollte. Seiberl, ein ebenso leidenschaftlicher Kunstliebhaber wie Nationalsozialist, hatte schon während der „Arisierungen" der jüdischen Kunstsammlungen in Wien eine wesentliche Rolle gespielt. Das Denkmalamt schickte seine Experten aus, um die privaten Gemäldegalerien wohlhabender jüdischer Bürger zu katalogisieren und zu bewerten. Bald schon löste Seiberl Museumsdirektor Dworschak ab und kümmerte sich um die Verteilung an Museen und Sammlungen. Er bediente natürlich auch NS-Größen wie den Wiener Reichsstatthalter Baldur von Schirach mit Kunstwerken für deren private Sammlungen. Als wären all diese Kunstwerke ihren rechtmäßigen Besitzern nicht einfach geraubt oder zumindest unter massivem Druck abgepresst worden, hatte sich Seiberl begeistert diesem riesigen Kunstschatz gewidmet, der auf einmal durch seine Hände ging.

Mit ähnlicher Begeisterung ging er Anfang 1943 an die neue Aufgabe, die ihm das Regime zugewiesen hatte. Der Bombenkrieg hatte Deutschland erreicht, Museen und Galerien fingen an, ihre Sammlungen in Sicherheit zu bringen, anfangs in Klöster

[1] *Der italienische Botschafter Dino Alfieri*
besucht in Begleitung von
Adolf Hitler und Josef Goebbels am 16. Juli 1939
die Große Deutsche Kunstausstellung
im Haus der Deutschen Kunst

[2] *Hitler zeigt BDM-Mädchen*
die Linzer Pläne, Berghof, 20. Juli 1939

[3] *Roderich Fick führt auf der Terrasse des Berghofs Hitler, Speer und Bormann ein Modell der Linzer Planungen vor, 9. Mai 1939*

[4] *Die Bergung der Raubkunstwerke im Winter 1943/44:*
Kriegsgefangene schaufeln den Weg frei.

[5] *Bergarbeiter und Personal des Denkmalamts bei der Entladung von Gemälden, Winter 1943/44*

[6] *Im Stollen des Salzbergwerks*

[7+8] *Die tägliche Arbeit der Bergleute und Restauratoren im Bergwerk*

[9] *Herbert Seiberl mit einer der Bombenkisten im Bergwerk*

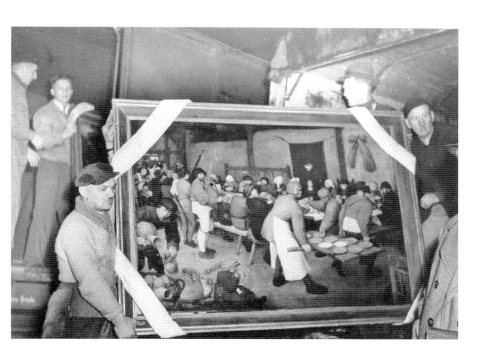

[10] *Die Rettung der Raubkunstwerke
im Juli 1945: Brueghels „Bauernhochzeit"
wird aus dem Berg gebracht.*

[11] *Bergleute, amerikanische Soldaten und Experten mit dem Mittelstück des Genter Altars, Juli 1945*

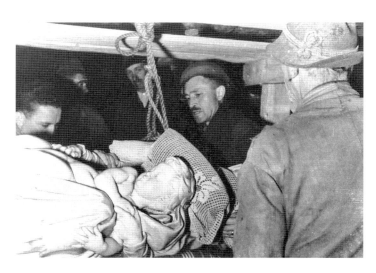

[12] *Michelangelos Madonna aus Brügge wird mit einem Flaschenzug auf einen Karren gehoben, Juli 1945.*

[13] *Bergleute mit einer der Kisten, in denen die*
Fliegerbomben im Berg versteckt waren, Mai 1945.
Auf den Fliegerbomben sitzend: Karl Sieber
(links im Anzug), Hermann Michel (Mitte)

Die 6.Armee sah,daß ein Kampf im Salzkammergut ~~im Salzkammergut~~ unmöglich sei. Es gingen daher einige Offiziere daran, die Armeekasse im Sudhaus der Saline in Bad-Aussee zu verbrennen. Hiebei wurden sie wieder überrascht und durch bewaffnetes und mutiges Einschreiten, ca 4,500.000 RM durch die Widerstandsbewegung gerettet.

Weiters wurden vom damaligen Postenkommandanten Rev.Insp.Robert Hirt des Postens Hallstatt,welcher ebenfalls der Widerstandsbewegung angehört,von einem hohen SS-Funktionär 7 Kisten Gold und Silbersachen sichergestellt und später den Amerikanern übergeben.

Die Widerstandsbewegung besetzte mit ihren Leuten wie schon verabredet,die Gendarmerieposten und Bürgermeisterämter und die Post. Dies war ca 6 Tage vor Ankunft der Amerikaner.

Es wurden sofort neue Bürgermeister,Amtsvorsteher der Ämter und in Mitterndorf auch ein neuer Postenkommandant eingesetzt. Am 8.Mai 1945 kamen die ersten Amerikaner nach Bad-Aussee, wie in Vöcklabruck seinerzeit schon vereinbart, ohne Schuß und Gegenwehr mit rotweissroten Fahnen als Befreier begrüßt. Die Büros waren für die amerikanische Militärregierung bereits sichergestellt und konnten diese sofort mit der Arbeit beginnen. Durch das entschlossene Eingreifen der Widerstandsbewegung ist die Festung "Alpen" ohne Kampf zusammengebrochen und wurde kein Haus zerstört und vielen amerikanischen Soldaten dadurch das Leben gerettet. Die Widerstandsbewegung des Ausseerlandes hatte hiedurch auch eine Sonderstellung und wurden deren Leute als Bürgermeister,Amtsvorstände und Hige eingesetzt. Es klappte der Sicherheitsdienst und wurde kein österreichischer Gendarm entwaffnet. Der Sender Ausseerland sendete mit Sondergenehmigung weiter und spielte das Brucknerorchester in diesen Sendungen. Von der amerikanischen Militärregierung wurde eine Bezirkshauptmannschaft für die ehem.Bezirkshauptmannschaft Gröbming einschließlich des Gerichtsbezirkes Bad-Ischl, als Bezirkshauptmann Albrecht Gaiswinkler eingesetzt. Weiterhin wurde eine Gendarmerieabteilung und Sicherheitskommissäriat mit der Leitung unter Gendarmerie-Major Tarra für den gleichen Überwachungsbereich aufgestellt. Die Bürgermeister des Ennstales wurden über Auftrag der Militärregierung von Major Tarra eingesetzt und angelobt,sowie die Gendarmerieposten von den Nazis gesäubert. Chef der Militärregierung war Cpt.Degner.

Major Tarra,dessen Gendarmen und Hige erhielten von der Militärregierung und von der C.I.C. für die mustergültige Dienstleistung drei Belobungsschreiben.

Was wurde gerettet:

80 Waggon Kunstschätze im Werte von 3 1/2 Milliarden Dollar von ganz Europa,insbesondere von Neapel,Florenz,Monte Cassino und Paris.
Die österreichische Kaiserkrone.
Die **Mona Lisa.**
Das Altarbild von Gent von den Gebrüder van Eyk.
30.000 Bände Hitlerbibliotek.
ca 76 kg Gold (Dr.Kaltenbrunner). +)
4 1/2 Millionen Reichsmark (Armeekasse der 6.Armee).
7 Kisten Gold-u.Silbersachen durch Rittmeister Hirt in Hallstatt.
Geheimakt zwischen Seys-Inquart und Bormann über den Südosten (für den Nürnbergerprozeß wichtig).
Auslandskorrespondenz Rippentrop und Rumänien.
ca 80.000 kg Zucker.
ca 80.000 kg Leder und Sohle.
ca 75.000 Dosen Sardinen.
Unmengen Fleischkonserven,
Rauchwaren,
Erbsen,
Leintücher,
Dieslöl usw.

[14] *Protokoll der Einvernahme von Valentin Tarra, das den Mythos der Mona Lisa im Bergwerk von Altaussee begründete, 12. April 1946*

[15] *Die Bergleute von Altaussee, vorne Alois Raudaschl*

[16]
Herbert Seiberl

[18] *Emmerich Pöchmüller*

[17] *Hermann Michel*

[19] *Ernst Kaltenbrunner, 1939*

[22] *Albrecht Gaiswinkler*

[21] *Josef (Sepp) Plieseis*

[20] *Heinrich Himmler und*
Gauleiter August Eigruber im
KZ-Mauthausen 1938

und Schlösser. Als die aber auch nicht mehr sicher genug schienen, entdeckt man die Bergwerke. In deutschen Salzbergwerken wie in Merkers und Heilbronn verschwanden 1943 die ersten Kisten mit Kunst unter der Erde. Und der Österreicher Seiberl machte sich auf die Reise ins Salzkammergut, um die dortigen Bergwerke zu inspizieren. „Der Gau Oberdonau steht auch auf diesem Gebiet mit an der Spitze der Bergungslandschaft des Reiches", meldet er stolz an den Gauleiter und nach Berlin.

Seiberl hatte in den Stollen von Altaussee eine überraschende Entdeckung gemacht. In der Bergmannskapelle war ihm der ungewöhnlich gute Zustand der gotischen und barocken Statuen und Reliefs aufgefallen: „Fassung und Vergoldung zeigen nicht die geringsten Schäden, Textilien, z. B. ein gestickter Messbuch-polster, sind gleichfalls tadellos erhalten. Die völlig keimfreie Luft des Raumes wirkt derartig konservierend, dass sich Kränze aus Reisig und Blumen durch Jahre hindurch merkwürdig gut erhalten haben." Durch das Salz, ließ sich der Denkmalpfleger umgehend auch von Mineralogen bestätigen, würde die Luft-feuchtigkeit in den Stollen im Gleichgewicht gehalten, die Tem-peratur bliebe tief im Inneren des Berges ohnehin konstant.

Seiberl wandte sich sofort an die Bergwerksleitung, erkundigte sich wegen der bereits stillgelegten Stollen und der Möglichkeit, diese für die Lagerung einzurichten. Man brauchte Verschalun-gen, Regale, elektrisches Licht. „Es kommen in erster Linie Kunstgegenstände aus den Alpen- und Donaugauen, vor allem aus Wien für die Bergung in Frage", stellte er dem zuständigen Bergrat seine Pläne für Altaussee vor.

Doch diese Pläne sollten sich rasch ändern, und verantwort-lich dafür war Seiberl selbst. Während die Kunstwerke aus öster-reichischen Kirchen und Schlössern bereits in Altaussee einroll-ten, traf er in Wien Gottfried Reimer, einen der Verantwortlichen für Hitlers Führermuseum. Der schilderte ihm ausführlich seine Sorgen mit Hitlers inzwischen Tausende Kunstwerke umfassen-der Sammlung. Der Führerbau in München, eigentlich als zent-rales Depot und Ausstellungsort für das Führermuseum geplant, war ja nicht nur längst chronisch überfüllt, sondern auch immer mehr durch alliierte Bomben gefährdet. Man hatte begonnen, Kunstwerke ins oberösterreichische Stift Kremsmünster auszulagern, aber auch dort hatte man weder ausreichend Platz, noch konnte man für die Sicherheit der Werke garantieren. Im barocken Benediktinerstift waren inzwischen einige der wertvollsten Bilder der Sammlung eingetroffen, so auch die Niederländer aus der Wiener Rothschild-Sammlung. Für den Kunstliebhaber Seiberl ein Grund mehr, seine Pläne für Altaussee so attraktiv wie möglich darzustellen. 1938 hatte er tatenlos zusehen müssen, wie der „Führervorbehalt" Hitler und seinem Kunstbeauftragten Posse bei jedem Gemälde den Vortritt sicherte. Einmal für den Führer vorgesehen, hatte kein Museum mehr eine Chance. Die Bilder gingen nach Deutschland und wann sie nach Österreich in das projektierte Führermuseum zurückkehren sollten, war mehr als ungewiss. Das Ausfuhrverbot für Kunst, das Österreich 1918 eingeführt hatte, war einfach ausgehebelt worden. In Seiberls Vorstellung aber bedeutete Altaussee eine Chance, Bilder heimzuholen. Er schilderte Reimer, welche Kunstwerke er als Nächstes ins Bergwerk bringen wolle, und fragte anschließend, „ob Sie allenfalls noch besonders wertvolles Gut zur Verwahrung in dieses Depot bestimmen wollen".

Reimer wollte und erschien kurz darauf in Altaussee, und er hatte hochrangige Begleitung mitgebracht: Hitlers Sekretär Martin Bormann war erschienen, ließ sich überzeugen und überzeugte seinerseits Hitler. Altaussee wurde im Dezember 1943 zum „zentralen Bergungsort der Sammlungen des Führers". Unter dem Decknamen „Dora" lief die Aktion sofort an.

Anfang Jänner 1944 fingen die Vorbereitungen in den Stollen an, und die Befehle aus der Reichskanzlei ebneten den Verantwortlichen jeden Weg. Tausende Festmeter Holz, Kilometer von Kabeln, Treibstoff, Transportmöglichkeiten: Der „Führerauftrag" machte es möglich. „Ein ganzer Wald viereckiger Pfosten stützte die Decke ab", schreibt der Direktor der Salinen Emmerich Pöchmüller über seine ersten Eindrücke der fertig eingerichteten

Stollen: „Es war für den Bergmann ein ungewohnter Anblick, in ein bekanntes Werk einzutreten, das zu einem riesigen Saal mit Holzdecke und Holzboden ausgezimmert war. Der Eindruck von der Weite der Räume wurde noch verstärkt, als die Riesensäle im Lichte der elektrischen Lampen erstrahlten."

Seiberl hatte inzwischen Verstärkung bekommen, ein ganzer Stab von Kunsthistorikern, Restauratoren, Sachverständigen, Chemie-Ingenieuren, Mineralogen stand bereit. Der aus Berlin angeforderte Restaurator Karl Sieber richtete sich direkt neben dem Bergwerk seine Werkstätte ein. Dazu wurden immer mehr Bergleute für die Bergung abgestellt. Anfangs waren es gerade einmal fünfzehn Männer, bald waren es fünfzig, gegen Ende 1944 mehr als hundert. Dazu kamen Packer von Speditionsfirmen und Personal, das die Museen stellten.

In Berlin drängte man zur Eile: Eine Woche nach dem Beginn der Adaptierungen rollten die ersten Transporte aus dem Führerbau in München in Bad Aussee ein. Die Bilder waren meist unverpackt, man musste sie also in Decken hüllen und für den Weitertransport auf die Lastwagen hieven. Doch mit Lastwagen war in diesem Winter bald nichts mehr zu machen. Der Schnee – Eva Frodl-Kraft hat es beschrieben – lag meterhoch. Man schaffte es, an Raupenschlepper der Firma Steyr heranzukommen. Eigentlich für die Ostfront produziert, schickte man sie jetzt samt eigenen Fahrern nach Altaussee. Für das Ausschaufeln der Straße wurden englische Kriegsgefangene eingesetzt.

Doch je länger die Aktion dauerte, desto mehr machten sich der Krieg und die immer näher rückende Niederlage bemerkbar. Unter die Transporte, die anfangs streng nach Plan ablaufen, mischen sich immer mehr Lieferungen undurchschaubarer Herkunft, Beute der deutschen Besatzer und ihrer Handlanger, die jetzt beim Rückzug verladen und nach Deutschland geschickt wurde. Aus polnischen Schlössern kommen Waggonladungen mit Teppichen und Gobelins. Aus Kroatien schickt die Führung des kollabierenden faschistischen Ustascha-Regimes alles, was sie noch an Möbeln und Kunsthandwerk zusammenraffen konnte. Sechzehn Kisten aus der zerstörten Abtei von Monte-cassino in Süditalien treffen nach einer Irrfahrt von Neapel bis Berlin in Altaussee ein. Die Division Hermann Göring hatte sie nach Deutschland gebracht, vermutlich, weil Göring noch einmal Nachschub für seine Kunstsammlung brauchte. Warum die Kisten mit Bildern von Malern wie Raffael und Brueghel dann schließlich kurz vor Kriegsende am tiefverschneiten und daher unpassierbaren Pötschenpass vor Altaussee strandeten, bleibt bis heute rätselhaft. Man musste sie schließlich in einem örtlichen Gasthaus zwischenlagern, bevor sie die Reise in den Salzberg antreten konnten.

Die zunehmend chaotischen Lieferungen machten es immer öfter notwendig, Kunstwerke irgendwo notdürftig unterzubringen, bis im Bergwerk Platz für sie geschaffen werden konnte. In Gasthäusern und Pensionen, manchmal sogar in den im Winter unbenützten Schuppen, wurden Kostbarkeiten abgestellt – und verschwanden von dort auch immer wieder. Sogar in der Ischler Kaiservilla musste man Platz schaffen, um Kunst einzuquartieren.

Eine der bizarrsten Lieferungen für Altaussee hat Eva Frodl-Kraft schon im Jänner 1944 persönlich miterlebt. Sie schreibt von „wild gestikulierenden und schreienden verwegenen Gestalten in schmutzstarrenden Schafspelzen und großen Fellmützen", die an diesem Abend im Hotel Post in Bad Aussee aufgetaucht seien. Sie hatten einen ganzen Zug mit 18 Waggons nach einer Irrfahrt quer durch Frankreich ins Salzkammergut gebracht und drohten ihn anzuzünden, falls man die Übernahme verweigern würde. Es waren Kosaken aus einer SS-Division, die im Auftrag der deutschen Besatzer die Villa eines französischen Barons in Südfrankreich geplündert hatten. Übereifrig hatten die Kosaken nicht nur Kunstwerke und Mobiliar im Wert von ungefähr 1,5 Millionen Reichsmark mitgenommen, sondern auch den gesamten Hausrat bis hin zu den Klomuscheln, die es schließlich nicht in den Berg schafften.

Der Bedarf an Platz unter Tag wuchs unaufhörlich, immer neue Stollen mussten für die Bergung eingerichtet werden – und das unter immer schwierigeren Bedingungen. Hatte man die Bergleute im Jänner 1944 noch aufgefordert, bei der Verschalung mit Holz nicht unnötig zu sparen – auch weil man damals noch mit einem persönlichen Besuch Hitlers rechnete –, so hieß es im September 1944 schon: „Der weitere Ausbau […] hat unter sparsamster Verwendung von Holzmaterial zu geschehen." Die Bestellung von 30 Festmetern Nadelholz wurde so zur Staatsaffäre, die sogar ein Ministerium in Berlin anhaltend beschäftigte.

Immer drängender wurden die Anfragen der Salinendirektion, immer gröber der Ton des Schriftverkehrs mit den für Material und Personal verantwortlichen Stellen der NS-Verwaltung. „Verbindliche Weisungen und Zusagen über den Schutz vor Einberufungen wurden von subalternen Stellen einfach nicht zur Kenntnis genommen", schrieb der wütende Salinendirektor Pöchmüller in seinen Bericht: „Die Verhandlungen über den Schutz der Arbeitskräfte gestalteten sich zu einem widerlichen Handel, bei dem letztlich einfach die Gewalt entschied."

Täglich wurde mehr improvisiert, so wurden manche Stollen im Berg einfach nicht mehr verschalt, sondern die Kunstwerke mit Teerpappe abgedeckt. Statt elektrischem Licht gab es nur noch Grubenlampen. Immer häufiger sind auch Nägel und Kistenholz über Wochen nicht mehr aufzutreiben. Treibstoffmangel legt die Raupenschlepper lahm, sodass immer öfter Ochsenkarren die Kunstwerke den Berg hinaufbringen.

Trotzdem lief die Bergung weiter. Bis in den Spätherbst 1944 werden noch Gemälde für das Führermuseum herangeschafft. Etwa aus Frankreich, wo man endlich den letzten Teil der berühmten Sammlung Mannheimer „beschafft" hatte und ihn gleich ins Salzkammergut schickte, oder auch aus Wien. Im Dorotheum wurde ja weiterhin jüdischer Kunstbesitz versteigert, 160 Gemälde gingen noch im Oktober an die Einkäufer des Führermuseums. „In Anbetracht der auch für die Innenstadt von Wien außerordentlich verschärften Luftlage", seien alle Neuerwerbungen „raschestmöglich" nach Aussee zu bringen, lautete der Befehl. Bis wenige Wochen vor Kriegsende rollten Transporte. Der letzte sollte erst am 30. März 1945 vom Wiener Westbahnhof abfahren, die sowjetische Armee stand damals schon direkt vor der Hauptstadt. 36 Stunden später erreichte er tatsächlich Bad Ischl: Mit an Bord einer der Experten des Salzberg-Teams, der Mineraloge Hermann Michel. Er sollte in den nächsten Wochen in Altaussee eine besonders zwielichtige Rolle spielen.

40 000 Quadratmeter umfassten die Bergungsräume in Altaussee schließlich, ein gigantisches Museum unter der Erde, in das in den letzten Kriegswochen noch das Strandgut eines zu Ende gehenden Krieges gestopft wurde: in aller Hast geräumte Museen und Bibliotheken, Raubgut, das die flüchtenden Besatzer und ihre örtlichen Handlanger noch rasch in Viehwaggons Richtung Deutschland gesteckt hatten, Einrichtungen aus Villen und Palais, die längst zu Schutt gebombt worden waren. Keine der heute verfügbaren Listen – die umfassendsten werden ja nach Kriegsende erstellt – erfasst den vollständigen Bestand. Der „Sonderauftrag Linz", Hitlers geplantes Museum, umfasste alleine 5000 Gemälde. Auch der Gesamtwert ist nicht einmal annähernd schätzbar, schon allein wegen der beiden wertvollsten Werke, dem Genter Altar und der Madonna Michelangelos, beide jenseits aller Preisvorstellungen. Schon allein wegen dieser beiden einzigartigen Meisterwerke konnte sich kaum jemand, der in jenen Tagen in den Stollen einfuhr, der Faszination dieses Museums entziehen. „In der Tiefe des Berges, da wo er nicht mehr präpariert, ausgekleidet und elektrisch beleuchtet ist, leuchten im zitternden Lichtschein der Karbidlampen aus dem tiefsten Dunkel in der Vollkommenheit ihrer kostbaren Malerei die Tafeln Jan van Eycks", schreibt Eva Frodl-Kraft über ihre unterirdische Begegnung mit dem Altar. Auch die strahlende, weiße Marmorstatue der Madonna, gelagert auf jener schmutzigen Matratze, auf der sie durch Europa gereist war, ist für die junge Kunsthistorikerin, wie auch für viele andere Besucher, überwältigend. Auch der Direktor der Salinen, Emmerich Pöchmüller, taucht in diesem eisigen Vorfrühling des Jahres 1945

regelmäßig ins Dunkel der Stollen ab, auch er verliert sich zwischen den Jahrhunderten europäischer Kunst, die sich hier scheinbar wahllos türmt: „Unauslöschlich waren die Eindrücke, die ich auf meinen Dienstgängen durch die Stollen und Werkanlagen gewann. Man öffnet irgendwo eine Tür und steht plötzlich Angesicht zu Angesicht [...] einem von Kindheitstagen vertrauten Bild gegenüber, das man immer nur in der unpersönlichen Atmosphäre eines Museums par distance sehen durfte – oder man nimmt die Tafeln des Genter Altars, sonst dem normalen Besucher weit entrückt, selbst in die Hand, um sie im Einzelnen zu betrachten – und wo man sich hinwandte, standen schöne Gegenstände des Kunsthandwerks, Leuchter, Krüge und edle Möbel, oder blickten herrliche Plastiken von Regalen herab. Es war eine eigenartige, zauberhafte Atmosphäre, der sich niemand entziehen konnte, der den Schatz im Berg jemals sah …" Für den Techniker und NSDAP-Parteigänger Pöchmüller war dieser Schatz im Berg auch sein Werk. Ganz gleich, wem das alles geraubt worden war und wohin es eigentlich gehörte, er hatte das alles in Sicherheit gebracht: in *seinem* Bergwerk, fest verzimmert unter Tausenden Festmetern Holz, weit weg von dem Krieg, den sein Führer längst verloren hatte. Dass dieser Krieg hier in Altaussee ein dramatisches Finale erleben und all diese Schätze beinahe mit sich in den Untergang reißen sollte, das ahnte Pöchmüller noch nicht. Ein paar Tage später brach die Katastrophe über ihn und den Salzberg herein.

Der Nero-Befehl

Die fünfzig steilen Stufen hinunter in den Führerbunker seien ihm, so sollte sich Albert Speer später in seinen Memoiren erinnern, vorgekommen, „wie die abschüssige Bahn, auf die ich geraten war". Hitler empfing den einstigen Vertrauten ohne Begrüßung, überhäufte ihn mit fast tonloser Stimme mit Vorwürfen. Er habe seine Befehle zur Zerstörung der Infrastruktur des Ruhrgebietes missachtet, ihn verraten. Der Rüstungsminister wusste, dass man unten im Führerbunker zahlreiche Gerüchte über seine „Gegenbefehle" verbreitete, die Hitlers Durchhalteparolen und Vernichtungsbefehle unterlaufen würden. Er stand da, ließ den seltsam leisen Wutausbruch über sich ergehen, bis Hitler plötzlich innehielt: „Sie sind überarbeitet Speer, ich habe einen Urlaub für Sie angeordnet." Urlaub, Ende März 1945 eine groteske Idee. Die sowjetische Armee stand 70 Kilometer vor Berlin. Danzig, das nach Hitlers Befehlen mit allen Mitteln gehalten werden sollte, war gefallen. Die Front löste sich allmählich im Chaos auf – und mit ihr Hitlers Kontrolle über die Armeen, die er ständig zum Entsatz der Hauptstadt herbeibefahl. Speer war klar, dass es nicht um Urlaub ging, sondern um den endgültigen Bruch mit dem Mann, der sein Idol gewesen war, der ihn gemacht hatte, den er trotz allem bis zuletzt verehrte. „Wenn dieser Mann jemals wirklich Freunde gehabt hätte, dann wäre ich wohl einer von ihnen gewesen", stellte der Rüstungsminister Jahre später in seinen Memoiren fest. Seit der Machtergreifung war er Hitlers schöpferischer Geist gewesen, sein Mephisto, wie dieser oft ironisch meinte. Er hatte Hitlers oft größenwahnsinnigen Visionen Gestalt gegeben, das Reichsparteitagsgelände in Nürnberg, die Reichskanzlei in Berlin hatte er gebaut. Modelle der Welthauptstadt Germania, in die sich Berlin verwandeln sollte, oder von Linz samt Führermuseum und Grabmal hatte Hitler sogar noch mit in den Bunker genommen, als könne er sich so aus der unausweichlichen Niederlage wegträumen. Doch je näher der Untergang rückte, desto weiter hatte sich der Diktator von seinem Baumeister, seinem Künstlerfreund entfernt. Die bizarre Inszenierung der Apokalypse, die jetzt metertief unter der Erde, unter Tonnen von Stahlbeton stattfand, leitete ein anderer: Hitlers persönlicher Sekretär Martin Bormann. „Rache unsere Tugend", „Hass unsere Pflicht", „bis zum letzten Atemzug", so lauteten jetzt die düsteren Parolen, mit denen man in diesem Frühjahr alte Männer und Kinder an die Front und in den Tod schickte. „Siegen oder fallen", damit machte Bormann persönlich deutlich, was er und der Diktator von ihren Landsleuten erwarteten.

Hitler hatte sein Schicksal mit dem der Deutschen verknüpft, sein Ende – in diese Vision steigerte er sich tagtäglich weiter hinein – sollte auch ihr Ende sein. „Wenn der Krieg verloren geht, wird auch das deutsche Volk verloren sein", hatte er Speer vor zwei Wochen klargemacht: „Es ist nicht notwendig, auf die Grundlagen, die das deutsche Volk zu seinem primitivsten Weiterleben braucht, Rücksicht zu nehmen. Im Gegenteil, es ist besser, selbst diese Dinge zu zerstören. Denn das Volk hat sich als das Schwächere erwiesen und dem stärkeren Ostvolk gehört ausschließlich die Zukunft. Was nach diesem Kampf überbleibt, sind ohnehin nur die Minderwertigen, die Guten sind gefallen."

Zugleich hatte Hitler einen seiner letzten Führererlässe unterzeichnet. Es war die detaillierte Anweisung zur geplanten Zerstörung Deutschlands, später der „Nero-Befehl" genannt: „Alle militärischen, Verkehrs-, Nachrichten-, Industrie- und Versorgungsanlagen sowie Sachwerte innerhalb des Reichsgebietes sind zu zerstören." Vollstreckt werden sollten diese Maßnahmen von den Gauleitern und Reichsverteidigungskommissaren, in diesen letzten Tagen des Dritten Reiches Speers gefährlichste Gegner.

Denn der Rüstungsminister, der noch bis in den letzten Kriegswinter bedingungslos Hitlers Kriegs- und Vernichtungsmaschinerie am Laufen gehalten hatte, hatte beschlossen, dessen Weg in den Untergang nicht mitzugehen. Über Jahre hatte Speer die Verschleppung und Ausbeutung von Millionen von Zwangsarbeitern aus den eroberten Gebieten im Osten organisiert, und je schwieriger es wurde, der Kriegsindustrie dieses Menschenmaterial zu beschaffen, desto härter ließ Speer seine Handlanger vorgehen. In Denkschriften über den totalen Krieg rief er dazu auf, die Anstrengungen in der Rüstungsindustrie aufs Äußerste zu steigern, versuchte er doch ständig seinen Glauben an den „Endsieg" zu demonstrieren.

Doch je rascher die deutsche Front sich auf das eigentliche Reichsgebiet zubewegte, je sinnloser die Parolen des Propagandaministers zur Aufrechterhaltung der Kampfkraft wurden, desto mehr rückte Speer vom harten Kern der Nazi-Führung ab. Er hatte begonnen, Befehle aus der Reichskanzlei zu ignorieren, vor allem, wenn es darum ging, lebenswichtige Infrastruktur einfach zu zerstören. „Hitler und sein persönlicher Freund begannen das schweigende, aber erbitterte Ringen um die Leiche Deutschlands", schrieb ein britischer Historiker. Speer gab nun der Nahrungsmittelversorgung den Vorzug vor der Rüstungsproduktion. LKWs, die eigentlich Panzerfäuste an die zerfallende Front bringen sollten, transportierten Butter. In einigen Betrieben wurde das noch vorhandene Eisen auf einmal zur Herstellung von landwirtschaftlichen Geräten statt von Waffen benützt. Speer rekrutierte 800 000 Rüstungsarbeiter zum Wiederaufbau zerbombter Verschubbahnhöfe und Gleisanlagen. Die chemische Industrie, soweit sie noch funktionsfähig war, erzeugte auch wieder Düngemittel.

„Lähmung statt Zerstörung", so lautete die Devise, die der Minister angesichts der vorrückenden Alliierten durchzusetzen versuchte. Schließlich, so seine Begründung gegenüber der Reichskanzlei, könnten und würden all die Industrieanlagen eines Tages wieder zurückerobert werden und dann würden sie ja gebraucht. Eine Idee, die dem Diktator fremd und unverständlich geblieben war. „Es ist ein Irrtum zu glauben, nicht zerstörte oder nur kurzfristig gelähmte Verkehrs-, Nachrichten-, Industrie- und Versorgungsanlagen bei der Rückgewinnung verlorener Gebiete wieder in Betrieb nehmen zu können. Der Feind wird bei seinem Rückzug uns nur eine verbrannte Erde zurücklassen und jede Rücksichtnahme auf die Bevölkerung fallen lassen."

Es war die letzte vernichtende Konsequenz aus dem Krieg, wie ihn die deutsche Wehrmacht über Jahre im Osten geführt hatte. Seit der Katastrophe von Stalingrad befanden sich die deutschen Truppen unabänderlich auf dem Rückzug, und dabei achteten sie nicht nur darauf, dem Feind ja nichts außer Trümmern und Toten zu hinterlassen, sondern richteten auch alle Anstrengungen darauf, das bestialische Vernichtungswerk des Holocaust zu vollenden. Städte wie Warschau wurden nach Plan und Haus für Haus zerstört. Dass dieses Zerstörungswerk trotz Befehls aus Berlin in Paris nicht vollzogen wurde, war allein der Vernunft, oder, in Hitlers Augen, der Feigheit der dortigen Militärführung zu verdanken. Die Niederlage, so macht es der britische Historiker Ian Kershaw in beklemmender Weise deutlich, war für Hitler seit Kriegsbeginn mit dem Untergang verknüpft, seinem persönlichen, dem seines Herrschaftssystems und dem des deutschen Volkes, das dann in seinen Augen im entscheidenden Augenblick der Geschichte versagt hätte.

Schon in den Jahren seines politischen Aufstiegs hatte Hitler in seinen Fantasien jenen Krieg, den er immer vor Augen gehabt hatte, so beschrieben: „So werden wir selbst untergehend noch die ganze Welt mit uns in den Untergang reißen." Bereits 1941, als die deutsche Armee noch an allen Fronten vorwärtsmarschierte, verfolgten ihn hartnäckig seine Untergangsvisionen: „Wenn das deutsche Volk einmal nicht mehr stark und opferbereit genug ist, sein Blut für seine Existenz einzusetzen, so soll es vergehen und von einer anderen Macht vernichtet werden." Von dem Moment an, als mit Stalingrad die Niederlagen der deutschen Truppen an allen Fronten nicht mehr abreißen sollten, wurde Hitlers Kriegsführung auch von einer tiefen Enttäuschung, ja einer Verachtung für die Deutschen begleitet. Immer öfter wurde den Truppen der Rückzug so lange untersagt, bis es zu spät war, gegen jede militärische Vernunft. Im Osten baute die Propaganda das immer gigantischere Wahnbild von den wilden, mordenden, vergewaltigenden, bolschewistischen oder asiatischen Horden auf, um den Kampfgeist der Truppen trotz Zehntausenden sinnlosen Todesopfern anzustacheln. Immer mehr Städte wurden zu Festungen erklärt, mussten gehalten werden „bis zum letzten Mann".

Je realer die Niederlage wurde, je klarer, dass Gegenoffensiven wie jene in den Ardennen nichts als militärisch nutzlose Menschenopfer bedeuteten, desto bedrohlicher richtete sich der Zerstörungswahn des Regimes gegen das eigene Volk, das eigene Land. Während die Strukturen von Staat und Partei immer rascher zerfielen und die ehemals braven Handlanger der Diktatur „verschwanden und sich in Luft auflösten", wie Propagandaminister Goebbels ärgerlich vermerkte, regierten die, die noch am Regime festhielten, mit nackter Gewalt. Bis zu 7000 Todesurteile wurden von Standgerichten allein in den letzten Kriegswochen vollstreckt. In Städten wie Berlin oder Wien hingen die Hingerichteten überall an Laternenpfählen, Bäumen oder sogar an den von den letzten Verteidigern gehaltenen Barrikaden. Die Gauleiter, fast überall die bis zuletzt fanatischsten Verteidiger des Regimes, übten diesen Terror buchstäblich bis zur letzten Minute aus.

August Eigruber etwa, der als Gauleiter von Oberdonau auch für das Salzkammergut und damit für die Kunstschätze im Salzbergwerk von Altaussee verantwortlich war, schickte SS-Einheiten, die noch seinen Befehlen gehorchten, auf regelrechte Jagden nach Deserteuren, Saboteuren oder einfach Menschen, die den oft widersinnigen Befehlen und Durchhalteparolen nicht mehr Folge leisten wollten. Er war mit den Nazis groß geworden, er würde mit ihnen untergehen – und mit ihm alles, was er zerstören konnte, ob es Menschen waren oder die Kunstschätze im Berg.

In der offiziellen Formulierung der Wehrmacht sprach man seit dem Beginn des Rückzugs an der Ostfront und seit der alliierten Invasion in Frankreich von „ARLZ-Maßnahmen" (Auflösung, Räumung, Lähmung, Zerstörung) – und die sahen genau vor, was unbedingt vernichtet werden musste, bevor es den Alliierten in die Hände fiel. Hinter dem Codewort „Teufel" verbarg sich etwa der Befehl zur Vernichtung sämtlicher Akten in einem Befehlsstand, hinter „Schneewittchen" die Auflösung von Konzentrations- oder Arbeitslagern für ausländische Zwangsarbeiter.

Über Monate war es Speer gelungen, genau solche Befehle abzumildern oder umzudeuten. Er verfolgte seine Pläne abseits von Hitler, dessen zunehmend mächtigen Sekretär Bormann und den Gauleitern. Er formulierte die Führerbefehle zur Vernichtung von Infrastruktur oder Kulturgütern um, sorgte zumindest mancherorts dafür, dass die Armee nicht nur verbrannte Erde und eine somit hilflose Zivilbevölkerung hinterließ. Doch je katastrophaler die Lage wurde, desto härter wurde der Druck aus Berlin, desto halsstarriger drängten Hitler und seine letzten Weggefährten auf Vernichtung.

Zum Schlüsselerlebnis für Speer wurde schließlich die Eroberung der Brücke über den Rhein bei Remagen durch die Amerikaner. Die geplante Sprengung war gescheitert, auch weil die dafür verantwortlichen Einheiten zu lange gezögert hatten. Hitler tobte und befahl, die vier verantwortlichen Offiziere umgehend hinrichten zu lassen. Als Speer, der selbst gerade im Ruhrgebiet unterwegs war, um mit den örtlichen Verantwortlichen Maßnahmen zur Aufrechterhaltung der Güterproduktion zu besprechen, vom Tod der Offiziere erfuhr, wurde ihm endgültig klar, dass er die Rettung deutscher Städte, Fabriken und Kunstgüter nicht länger an der Reichskanzlei vorbei organisieren konnte. Am 18. März 1945 schickte er eine Denkschrift nach Berlin: „Wenn die zahlreichen Eisenbahnbrücken oder die Viadukte gesprengt werden", schrieb er, „wird das Ruhrgebiet nicht mehr in der Lage sein, auch nur die notwendige Produktion zur Reparatur der Brücken zu bewältigen. Die geplante Zerstörung von Brücken in

Berlin würde die Nahrungsmittelversorgung der Stadt unterbrechen und Industrieproduktion und menschliches Leben in der Stadt könnten über Jahre unmöglich gemacht werden. Solche Zerstörungen würden den Tod von Berlin bedeuten."

Doch dieser Tod war genau das, was Hitler suchte. Schon am Tag danach lag der bereits erwähnte „Nero-Befehl" auf Speers Schreibtisch. Schon die ersten Sätze des Dokuments machen deutlich, wie kompromisslos Hitler jetzt auf den Weg in die Apokalypse eingeschwenkt war: „Der Kampf um die Existenz unseres Volkes zwingt auch innerhalb des Reichsgebietes zur Ausnutzung aller Mittel, die die Kampfkraft unseres Feindes schwächen und sein weiteres Vordringen behindern. Alle Möglichkeiten, der Schlagkraft des Feindes unmittelbar oder mittelbar den nachhaltigsten Schaden zuzuführen, müssen ausgenützt werden."

Sogar Propagandaminister Goebbels, der ja inzwischen mit Hitler in den Führerbunker abgetaucht war, bereit, mit ihm in den Tod zu gehen, begriff, wie wahnhaft dieser Befehl war, wie weit entfernt von jeder praktischen Kriegsführung oder auch nur der Realität an einer einbrechenden Front: „Der Führer beharrt auf seinem Befehl der totalen Räumung der vom Feind besetzten Westgebiete und der totalen Zerstörung unserer Industrie. Dieser Befehl kann nach einstimmiger Aussage aller westlichen Gauleiter praktisch gar nicht durchgeführt werden. Wie sollte das beispielsweise jetzt im Würzburger Raum der Fall sein, in den die Amerikaner ganz unerwartet und plötzlich hineindringen? Wer sollte hier die Bevölkerung wegführen, wie sollte sie weggeführt werden, und wer sollte die Industrie zerstören, und wie sollte das gemacht werden? Wir bewegen uns in unserer Kriegsführung heute schon in mancher Beziehung im luftleeren Raum. Wir geben in Berlin Befehle, die unten praktisch überhaupt nicht mehr ankommen, geschweige denn, dass sie durchgeführt werden können. Ich sehe darin die Gefahr eines außerordentlichen Autoritätsschwundes."

Dass er die Kontrolle über sein zerfallendes Reich verlor, war Hitler in seinen immer seltener werdenden klaren Momenten bewusst. Doch dann tauchte er wieder ab in seine Wahnideen von Armeen, die Berlin entsatzen und den Feind zurückdrängen sollten. Wer ihm dann widersprach, erlebte Zornausbrüche, die schließlich in hilfloser Wut und brütender Verzweiflung endeten.

In welchem Zustand aber Hitler in diesen letzten Tagen im Führerbunker tatsächlich war, bleibt bis heute eine Streitfrage unter Historikern. War er, wie Joachim Fest ihn in seiner Skizze „Der Untergang" beschreibt, tatsächlich geistig und körperlich verfallen, troff ihm der Speichel aus den Mundwinkeln? Stundenlang sei er apathisch auf seinem Sofa gelegen, habe Kuchen in sich hineingestopft und schließlich nur noch über „Hunde und Hundedressur, Ernährungsfragen und die Dummheit und Schlechtigkeit der Welt" gesprochen. Der Brite Ian Kershaw sah ihn dagegen ganz anders. Hitler sei der Realist unter all den Illusionisten in seiner Umgebung gewesen. Er sei in den letzten Wochen noch einmal zur Höchstform aufgelaufen, einfach, weil er vernichten wollte, nicht nur sich und sein Regime, sondern ganz Deutschland. In Wahrheit habe er gezielt alles dafür getan, um dieses Ziel, das ihm vielleicht sein ganzes politisches Leben lang vorgeschwebt war, zu erreichen.

Für Kershaw bestand Hitlers größte Angst darin, das Schicksal seines Vorbilds und früheren Kampfgefährten General Ludendorff am Ende des Ersten Weltkriegs zu erleiden: Er stand da als ein gedemütigter Verlierer, dem nichts anderes blieb, als die Verantwortung dafür den ominösen „Novemberverbrechern" zuzuschieben, die der unbesiegten kaiserlichen Armee in den Rücken gefallen wären. Der kleine Gefreite aus Österreich aber übernahm von dem verehrten Heerführer die grundsätzliche Skepsis gegenüber seinen Landsleuten. „Jeder dritte Deutsche ist ein Verräter", zitierte er ihn in „Mein Kampf".

Doch ob er nun auf dem letzten Weg in den Wahnsinn oder aber zu einer zerstörerischen Hochform aufgelaufen war, der Mann, dem Speer an jenem Märztag im Führerbunker gegenüberstand, wollte nichts mehr wissen von vorübergehenden Lähmungen der deutschen Industrie, von einem Danach. Er wollte das große Finale, die Götterdämmerung, wie er sie bei seinem Lieblingskomponisten Richard Wagner einst in der Wiener Staatsoper erlebt hatte. Dass sein Architekt und Rüstungsminister seit Wochen versuchte, dieses Finale nicht ganz so düster aussehen zu lassen, irritierte ihn. Er wusste von Speers Versuchen, die Industrie für die Ernährung und Versorgung der Menschen weiterlaufen zu lassen. Bormann hatte ihn nur zu gerne mit Informationen über die Aktivitäten seines Intimfeindes versorgt. Speer habe sich im Ruhrgebiet mit den örtlichen Parteigrößen und den Gauleitern getroffen, um diese davon zu überzeugen, den Nero-Befehl nicht zu vollstrecken. Der Minister wusste, dass es längst sinnlos geworden war, Argumente zu suchen, es aber ebenso sinnlos war zu leugnen. Er schwieg, während Hitler verzweifelt versuchte, den Vertrauten, den Freund wiederzugewinnen, der ihm in den vergangenen Monaten abhandengekommen war. Jetzt musste Speer, in dem der Diktator immer seine eigene Künstlerseele zu entdecken geglaubt hatte, sich deklarieren: „Wenn Sie sich selbst davon überzeugen können, dass dieser Krieg nicht verloren ist, dann können Sie im Amt bleiben." Nein, das gerade könne er nicht, antwortete Speer seltsam unerschrocken. Er wolle nicht eines dieser Schweine in der Entourage des Führers sein, die ihm ständig weismachten, dass der Krieg nicht verloren sei, ohne das auch nur ein bisschen zu glauben.

Hitler, der sonst bei der kleinsten Gegenrede in Wut ausbrach, schluckte die brutale Wahrheit und schickte seinen Minister ohne große Szene hinaus: „Sie haben 24 Stunden, um Ihre Antwort zu überdenken. Morgen lassen Sie mich wissen, ob Sie noch Hoffnung haben, dass der Krieg noch gewonnen werden kann."

Als Speer gegangen war, ließ Hitler einen seiner Adjutanten rufen. Er diktierte ihm ein Fernschreiben. Es war eine Bestätigung des Nero-Befehls. Noch einmal führte es aus, was alles zu zerstören war, von Brücken, Gleisanlagen und Schiffen bis hin zu Lokomotiven und Lagerhallen. Nichts, gar nichts, sollte in diesem Deutschland noch stehen, wenn er gegangen war.

Die Nachricht erreichte auch Speer. Jetzt musste er dem Diktator die Antwort geben, die dieser nicht hören wollte: „Ich kann nicht mehr an den Erfolg unserer guten Sache glauben, wenn wir gleichzeitig die Grundlagen unseres Volkslebens zerstören." Von der Ungerechtigkeit, die man den Deutschen antue, schrieb der Architekt, beschwor noch einmal den Mann, dessen Vertrauter er so lange gewesen war: Wenn er seine Politik überdenke, könne er noch einmal den Glauben finden, um mit voller Energie weiterzuarbeiten.

Hitler akzeptierte das Schreiben nicht, er wollte von Speer persönlich wissen, wie er sich entschieden habe, zitierte ihn in den Bunker. Als dieser am 30. März schließlich vor ihm stand, fand er nicht mehr den Mut, sich von dem Diktator zu distanzieren: „Mein Führer", knickte er ein, „ich stehe bedingungslos hinter Ihnen."

War es Taktik, Kalkül eines berechnenden Karrieristen, der eigentlich nur noch seinen Kopf aus der Schlinge ziehen wollte, der des Wahnsinns, den er so bereitwillig bedient hatte, jetzt in der Niederlage überdrüssig war? Was sich in den nächsten Tagen zwischen den beiden tatsächlich abspielen sollte, welche Befehle noch von Hitler hinausgingen, welche in Wahrheit von Speer in seinem eigenen Sinn zurechtgebogen waren, welche wiederum Bormann manipuliert hatte: All das lässt sich nicht mehr feststellen, auch weil Speer seinen Auftritt vor dem Nürnberger Kriegsverbrechertribunal perfekt nützte, um sich reinzuwaschen.

Der Führer habe ihn erneut statt der Gauleiter mit der Durchführung der Lähmungs- und Zerstörungsmaßnahmen beauftragt, teilte Speer seinen Mitarbeitern mit, die er in aller Eile nach Berlin geordert hatte. Es gebe keine Taktik der verbrannten Erde, keine sinnlose Zerstörung. Er persönlich werde jeden davon abhalten, derartige Befehle auszuführen.

Draußen, in einem Land, das ins Chaos taumelte, sorgte dieses wirre Stakkato von Befehlen und Gegenbefehlen, von Fernschreiben Hitlers und persönlichen Anweisungen Speers oder seiner Mitarbeiter für noch mehr Durcheinander. Von nun an handelte jeder, der noch Befehlsgewalt hatte, der noch über einsatzfähige Truppen verfügte, so, wie er es für richtig hielt oder wie es ihm schlicht einen Vorteil für das eigene Überleben brachte. Wo Speers Vertrauensleute handelten, wie etwa im Ruhrgebiet, wurden bereits angebrachte Sprengladungen entfernt und irgendwo versenkt, wo sie keinen Schaden mehr anrichten konnten. SS-Sprengkommandos, die bereits unterwegs waren zu Brücken und Fabriken, wurden gestoppt. In vielen Betrieben wurden rasch bewaffnete Arbeiter postiert, um die Maschinen zu beschützen. „Das klingt zwar alles übertrieben", sollte Speer später in Nürnberg eingestehen, „aber es war die Situation so damals, dass, wenn ein Gauleiter es gewagt hätte, im Ruhrgebiet an die Kohlenbergwerke zu gehen und dort nur eine Maschinenpistole zur Verfügung stand, dann wäre geschossen worden."

Nicht nur Speer, sondern viele deutsche Militärs wollten nach dem Krieg den Erhalt von Brücken oder Straßen als Erfolg ihrer Vernunft inmitten des Zerstörungswahns, als Widerstand gegen das Regime verkaufen. Oft aber war es einfach die militärische Lage, die die Sprengungen gar nicht mehr zuließ. Bis die Sprengkommandos im Chaos an ihrem Einsatzort eintrafen, waren die immer schneller vorrückenden Amerikaner längst über die Brücke hinweggerollt.

Was ein Gauleiter in diesen ersten Apriltagen noch befehlen konnte und was nicht, das hatten oft nicht mehr Speer und seine Vertrauten in Berlin zu entscheiden – und das nicht nur wegen der vorrückenden alliierten Armeen, auch wegen jener Nazis, die sich statt an Befehle lieber an die Untergangsfantasien ihres Führers hielten.

August Eigruber etwa, der Gauleiter von Oberdonau, verschwendete in seinem Amtssitz in Linz keinen Gedanken daran, Dinge für die Nachwelt oder für ein Volk zu erhalten, das ohnehin den Krieg verloren hatte, das verdient hatte unterzugehen. Der fanatische Nazi Eigruber war entschlossen, mit seinem Führer abzutreten – und wenn möglich mit einem lauten Knall. Linz, ließ er in endlosen Durchhalteparolen übers Radio verbreiten, während die alliierten Bomber die Stadt und ihre Industrieanlagen einäscherten, werde bis zum letzten Mann verteidigt.

Eigruber aber wollte seinen Zerstörungswahn nicht nur an der Stadt und ihren Menschen ausleben, er hatte noch ein ganz anderes, vielleicht lohnenderes Ziel. Den ganzen Winter lang waren die Transporte mit Kunst, Möbeln und Antiquitäten quer durchs Land Richtung Altaussee gerollt. Eigruber war regelmäßig darüber informiert worden, hatte aber die ganze Aktion und ihre Organisatoren von Anfang an mit Misstrauen betrachtet. Die Bergwerksleitung, die Restauratoren, die Kunstexperten, diese „Herren in Altaussee", wie er sie nannte, galten für ihn als unzuverlässig. Er war entschlossen, Hitlers Vernichtungsfantasien, die längst die seinen geworden waren, zu verwirklichen. Hatte Hitler nicht noch im März gerade die Gauleiter mit der Vernichtung von allem, was dem Feind dienen könnte, beauftragt? Die Kunstwerke zu zerstören, sie, wie er in Lagebesprechungen in Linz brüllte, vor dem Zugriff der „bolschewistischen Horden" zu bewahren, das schien ihm wohl der perfekte Schlussakkord.

War Hitler bewusst, dass er mit seinem Nero-Befehl auch Kunstschätze, darunter sogar jene, die für sein eigenes Führermuseum in Linz bestimmt waren, zur Zerstörung verdammte? Kaum vorstellbar, meint die österreichische Kunsthistorikerin Birgit Schwarz, die sich eingehend mit Hitlers Verhältnis zur Kunst und seinem Selbstbild als Künstler beschäftigt hat. Gerade in seinen letzten Monaten hielt ihn vor allem diese Vorstellung aufrecht: „Er musste seinen Geniestatus beschwören, und das ging nur über die Nähe zur Kunst, zur Architektur. Diese letzten Inszenierungen haben auf fatale Weise funktioniert, er hat viele in seiner Umgebung beeindruckt, viele dachten, Hitler werde es noch richten – so wie sein Genievorbild Friedrich der Große manche Schlacht für sich entscheiden konnte, selbst nach militärischen Niederlagen als Sieger aus Kriegen hervorging." Wie bewusst Hitler der Wert und die Gefährdung deutscher Kulturgüter war, zeigte die groß angelegte Aktion, mit der er noch 1944 sämtliche historischen Gebäude im Reichsgebiet von innen und außen fotografieren ließ. Sogar seinen Sekretärinnen erzählte er stolz von dieser Initiative, in deren Rahmen immerhin fast 40 000 Farbdias entstanden: „Das wird so gründlich gemacht, dass die Baumeister und Künstler später genaue Unterlagen haben werden, denn die kulturell unersetzbaren Zeugen früherer Zeiten müssen wieder aufgebaut werden, und zwar so naturgetreu, wie es Menschen nur vermögen." Hitler war also die Zerstörung, die sein Krieg verursacht hatte und die die letzten Monate seiner Herrschaft noch verursachen würden, bewusst. „Deutschland", sagt er bei seinem letzten Treffen mit Leni Riefenstahl im Frühjahr 1944 auf dem Obersalzberg pathetisch, „wird schöner denn je aus den Trümmern auferstehen."

Doch seine Liebe zur Kunst, seine Leidenschaft für die Architektur hinderten ihn in entscheidenden Momenten keineswegs, durch reine Willkür zu ihrer Zerstörung beizutragen. Als die Alliierten 1944 vor Paris standen, gab er seinen Generälen den Befehl, die Stadt, deren Baukunst er zutiefst bewunderte, in Schutt und Asche zu legen: „Paris ist in ein Trümmerfeld zu verwandeln, der Kommandierende General hat es bis zum letzten Mann zu verteidigen und geht, wenn nötig, unter den Trümmern unter."

Je mehr Deutschland von den alliierten Bomben zerstört wurde, desto mehr ließ er sich als „Retter der deutschen Kunst" von der Propaganda stilisieren. Tatsächlich aber war er, wie Speer später berichtete, über die Zerstörungen wertvoller Bauten oder Theater oft mehr entsetzt als über die Toten in den zerbombten Wohngebieten.

Als sich sein „Reich" schließlich im Frühjahr 1945 auf den Bunker in Berlin beschränkte, war Kunst mehr als je zuvor Teil seiner Selbstinszenierung. Das Modell seiner Lieblingsstadt Linz, die Speer ja für ihn von Grund auf neu geplant hatte, stand gleich neben dem Führerbunker im Keller unter der Reichskanzlei. Bis zuletzt verbrachte er Stunden in diesen Räumen, führte das Modell Besuchern vor, schilderte ihnen seine Vision für die Stadt, die vor allem Wien überstrahlen sollte. Den Tod vor Augen, steigerte er sich vor allem in die Vorstellungen für sein Grabmal hinein: ein Mausoleum in einem Turm über den Dächern von Linz sollte es sein, berichtete Speer, mit dem er bis zum endgültigen Bruch immer und immer wieder vor dem Linz-Modell gestanden und Ideen ausgetauscht hatte.

Die Sammlung, die er eigens für dieses Führermuseum zusammengetragen hatte, lagerte seit dem letzten Winter in den Stollen von Altaussee. Dass er deren Zerstörung durch Eigruber zugelassen oder vielmehr sogar gefordert hätte, scheint schwer vorstellbar. Noch im Oktober 1944 hatte er es abgelehnt, die Mittel für Kunstankäufe zu kürzen. Anfang April 1945 traf zum letzten Mal eigens für das Linzer Museum angeschaffte Kunst im Bunker ein. Das letzte Dokument, das Hitler wenige Stunden vor seinem Tod verfasste, war sein privates Testament. Während das politische noch einmal seinen ganzen Wahn und Hass – und vor allem seinen Antisemitismus – dokumentiert, enthält das private neben einer Rechtfertigung für seinen Selbstmord vor allem noch einmal seinen vielleicht wichtigsten Wunsch: „Ich habe meine Gemälde in den von mir im Laufe der Jahre angekauften Sammlungen niemals für private Zwecke, sondern stets nur für den Ausbau einer Galerie in meiner Heimatstadt Linz gesammelt. Dass dieses Vermächtnis vollzogen wird, wäre mein herzlichster Wunsch."

Gauleiter Eigruber aber sollte dieses Testament seines Führers nicht mehr erreichen. Es hatte ihn auch davor kaum noch gekümmert, was aus dem Bunker in Berlin an Nachrichten und Befehlen nach Linz gelangte. Sein Führer, davon war er überzeugt, hatte die totale Vernichtung gefordert, von allem, was in diesem untergehenden Reich noch von Wert war. Der Nero-Befehl galt, und er würde ihn ausführen.

Bomben im Berg

Ein Transport, heute und um diese Zeit? Die Männer der Frühschicht hatten sich gerade zu ihrer Frühstückspause vor dem Knappenhaus versammelt, als das Dröhnen der Dieselmotoren aus dem Tal zu ihnen heraufdrang. Gewohnter Lärm in diesen Frühlingstagen hier oben am Steinbergstollen, unaufhörlich hatten sich schon den ganzen Winter die Raupenschlepper heraufgearbeitet. Für die Ostfront waren sie eigentlich gebaut worden, doch als die ersten der gepanzerten Kletterwunder aus der längst unter die Erde gewanderten Fabrik rollten, gab es keine Ostfront mehr, für die man noch solche Fahrzeuge gebraucht hätte. Es gab nur noch die immer schneller ins Chaos taumelnde Masse einer sich auflösenden Armee, die vor den Russen nach Westen zurückwich, gefolgt von Hunderttausenden Flüchtlingen, die aus den eroberten Ländern nach Deutschland zurückströmten.

Längst waren diese Flüchtlingstrecks, die Wagen, auf denen sich Hausrat, alte Leute und Verwundete den Platz streitig machten, auch hier im Salzkammergut eingerollt. Draußen in Bad Ischl waren die Häuser, aber auch das Spital voll mit Menschen aus Siebenbürgen, dem Banat, den Sudetengebieten. Und auch hier, auf der anderen Seite des auch jetzt noch tief verschneiten Pötschenpasses drängten sich die Heimatlosen, die Soldaten sich auflösender Einheiten der deutschen Streitkräfte. Auch im Bad Ausseer Spital wussten sie nicht mehr, wohin mit all den Verletzten, Bauern holten die erschöpften Menschen von ihren Karren ins Haus, quartierten im Auftrag irgendeines mit der Waffe herumfuchtelnden Unteroffiziers schmutzige, kriegsmüde Soldaten ein.

Das alles wussten die Männer, die am Salzberg ihren Dienst versahen. Ihre eigenen Häuser oder die der Verwandten waren längst überbelegt mit Fremden und ihren schrecklichen Geschichten. In den Stuben wurden täglich die neuesten Tragödien und Nachrichten ausgetauscht, die man auch jetzt noch heimlich abends aus dem Feindsender holte, wenn man dem knacksenden Rest lauschte, der in das enge Bergtal kam.

Dem Widerstand – den Freiheitskämpfern, die oben im Toten Gebirge den ganzen Winter über ausgeharrt hatten – hatten sich inzwischen auch schon einige Dorfbewohner angeschlossen. Sie schlichen sich zu den Treffen im Hinterzimmer des Gasthofs in Ischl oder in den Pfarrhof beim Dechanten, den sich auch die letzten Nazis nicht anzugreifen trauten, so eine Autorität stellte er immer noch dar.

Doch im Bergwerk galten die Unterschiede wenig: Ob Widerständler, kleiner NS-Mitläufer, der irgendwann in die Partei eingetreten und inzwischen ziemlich kleinlaut geworden war, oder sogar fanatischer und mittlerweile panischer Nazi wie der Berghauptmann Rupert Kain – im Bergwerk waren sie immer noch eine Belegschaft, und als die funktionierten sie, auch wenn die sie umgebende Ordnung oft nur noch eine tragikomische Formalität war.

Manchmal schien es, als würde die Welt nur unten im Tal zusammenbrechen. Oben am Berg gab es immer noch einen Plan, oder zumindest gab es Akten, die nach Plan aussahen: Papiere mit der Unterschrift des Salinendirektors, des Gauleiters oder irgendeines hohen Offiziers.

„Kunsttransport" hieß das auf den Papieren, manchmal auch „Mission Berg" oder „Sonderauftrag Linz", und meistens waren es LKWs der Kunstspeditionsfirma Bartz-Bäuml aus Wien, die das Zeug den Berg hinaufbrachten, wenn die Straße gerade frei war. Denn es war ein Winter mit unglaublich viel Schnee gewesen und manchmal hatten es die Arbeiter nicht einmal ins Tal geschafft, wenn das Wochenende und ihre Familien unten in Aussee auf sie warteten.

Doch der Transport, der an diesem Morgen anrollte, war ungewöhnlich. Das wussten die Arbeiter schon, als der Motorenlärm noch von ganz unten aus dem Tal heraufdröhnte: Sie erkannten die Geräusche einer schweren Zugmaschine und jeder Menge anderer kleinerer Fahrzeuge. Vermutlich waren es ganz besonders schwere Dinge, die diesmal in die Mine mussten, deren Stollen einer nach dem anderen mit Holzregalen und dann mit Gemälden, Statuen und Kisten vollgeräumt wurden.

Schon beim ersten Auto, das vor dem Knappenhaus eintraf, war klar, dass das nicht nur ein ungewöhnlicher, sondern auch ein besonders unangenehmer Transport war. Aus dem Kübelwagen sprang ein Mann in SS-Uniform, der ansatzlos brüllend seinen ersten Auftritt machte. Es war Anton Glinz – Gauinspektor nannte man ihn, obwohl keiner so recht wusste, was der Titel eigentlich bedeutete. Glinz war die rechte Hand von Gauleiter Eigruber. Er setzte die Befehle um, die Eigruber tagtäglich aus seinem Amt in Linz ins Reichsgebiet Oberdonau hinausließ. Der gelernte Mechaniker Eigruber war ein fanatischer Nazi, vor allem aber war er ein fanatischer Anhänger Hitlers. Die jüngsten Nachrichten aus Berlin hatten auch ihn endgültig begreifen lassen, dass es in diesem Krieg nichts mehr zu gewinnen gab, es gab nur noch die Chance, den eigenen Untergang in Übergröße zu inszenieren. Hitlers jüngste Botschaften, sein Nero-Befehl zur Vernichtung von allem, was dem Feind in die Hände fallen oder Deutschland eine Zukunft ermöglichen könnte, sprachen für Eigruber eine klare Sprache: Apokalypse jetzt, und zwar für alles und jeden.

Eigruber war schon in den Zwanzigerjahren Mitglied der NSDAP geworden, in die Fabriken der Stahlstadt Linz war die Bewegung sehr rasch aus München herübergeschwappt. Mit gerade einmal 20 Jahren hatte er schon wichtige Funktionen in der Partei. Als die NSDAP in Österreich 1933 für illegal erklärt wurde, war das für ihn nur noch ein Grund mehr, für Hitlers Ideen zu kämpfen, von jetzt an auch mit der Waffe in der Hand. Angetrieben vom bedingungslosen Hass gegen den klerikalfaschistischen Ständestaat, war er auch beim gescheiterten Putsch gegen das Dollfuß-Regime dabei gewesen und hatte dafür Gefängnisstrafen und sogar Aufenthalte im berüchtigten Anhaltelager für Regimegegner in Wöllersdorf ausgefasst. Nach dem „Anschluss" 1938 sollte die Karriere des treuen Gefolgsmanns steil bergauf gehen, vor allem auch, weil er – wie viele österreichische Nazis – signalisierte, dass er auch zum Äußersten bereit war.

Und das war auch jetzt im Frühjahr 1945 nicht anders. Eigruber, der inzwischen schon zu Mittag seinen Adjutanten nach der zweiten Flasche Schnaps schickte, dirigierte von Linz aus ein täglich blutigeres Terrorregime. Während die Amerikaner von Nordwesten vorrückten, ließ er die Stadt zur Verteidigung vorbereiten. Linz als wichtiges Zentrum der deutschen Stahl- und Waffenproduktion lag seit Monaten unter schweren Bombenangriffen, vor allem die Industrie- und Arbeiterviertel waren längst nur noch Ruinen. Doch das kümmerte den Gauleiter wenig. Er ließ täglich neue Durchhalteparolen ausgeben, auch über das Radio: „Niemand verlagert, niemand weicht aus, niemand verlegt nach zurück." SS-Einheiten durchkämmten die Straßen und Notquartiere auf der Suche nach allem, was man noch mit irgendeiner Waffe in der Hand in den Volkssturm einreihen und an die Front schicken konnte. Wer sich widersetzte, oder auch nur laut von der Sinnlosigkeit all dieser Maßnahmen sprach, hing rasch am Laternenmast. Manche wurden noch von einem Standgericht im Handumdrehen abgeurteilt, manche ohne weiteres Nachfragen erschossen. Offiziere und Parteimitglieder, die nicht mehr an den Endsieg glauben wollten, oder leitende Mitarbeiter in der Linzer Industrie, die laut sagten, dass die Produktion in den Ruinen nicht mehr aufrechtzuerhalten war, hatten zumindest das Privileg, als Todesurteile, von denen täglich Dutzende unterschrieben wurden, auf dem Schreibtisch des Gauleiters zu landen. Doch Eigrubers Untergangswahn machte noch nicht halt. Im KZ Mauthausen, ohnehin seit Jahren eine der effizientesten Todesfabriken des Regimes, vegetierten immer noch Zehntausende. Um sie alle zu töten, hätte es eines Befehls aus Berlin bedurft. Um die dort inhaftierten Oberösterreicher, also seine Untertanen, ermorden zu lassen, brauchte es nur seine eigene Unterschrift. Eigruber unterschrieb, und Tausende wurden ohne weitere Begründung ermordet, wenige Tage, bevor die US-Armee das Lager befreite.

Wo Anton Glinz auftauchte, da war auch der nächste Vernichtungsbefehl des Gauleiters rasch bei der Hand. Diesmal aber ging es nicht um Erschießungen, sondern um die massive Fracht, die das Zugfahrzeug jetzt endlich bis zur Einfahrt des Stollens geschafft hatte. Wie immer machten sich die Arbeiter der Spedition Bartz-Bäuml daran, die Kisten vom Anhänger herunterzuholen. Diesmal aber waren sie einfach zu schwer. Einer der Mitarbeiter sollte sich später daran erinnern, dass ihm schon an diesem Morgen klar wurde, dass das, was in diesen vier riesigen Holzkisten steckte, wohl keine Kunstgegenstände waren. „Vorsicht Marmor, nicht stürzen" stand darauf, und weitere Informationen bekam an diesem Vormittag nicht einmal Hermann Michel, der für die Einlagerung zuständige Mineraloge aus Wien. Auch er hatte keine Unterlagen über diese Fracht bekommen. Es gab keine Inventarlisten und auch keinerlei Auskünfte über den Inhalt, nur den Befehl von Glinz, die Kisten diesmal ganz tief in den Stollen, ins Kaiser-Franz-Josef-Werk und ins Kammergrafen-Werk zu bringen. Das Abladen übernahm die Wachmannschaft des Transports, die – auch das fiel den Bergarbeitern auf – so groß war wie sonst nie und vor allem aus SSlern bestand.

Die Angelegenheit war vielen Bergarbeitern schon an diesem Vormittag verdächtig. Die ersten Gerüchte machten bald die Runde: Bomben seien in den Kisten, oder Sprengstoff, genug, um alles in der Mine zu zerstören. Der Gauleiter, das wusste man auch hier in Altaussee, hatte seine Absichten schon mehrfach öffentlich deutlich gemacht: „Wenn wir diesen Krieg verlieren, dann werfe ich selbst Handgranaten in die belegten Räume, denn den Bolschewisten lasse ich diese Kunstschätze nicht in die

Hände fallen." Vielleicht war es einem der Transportarbeiter schon an diesem Vormittag gelungen, in eine der Kisten zu schauen. Der Wasserer Hermann König – er und seine Kollegen waren dafür zuständig, die Salzkonzentration in der Sole zu kontrollieren – will jedenfalls schon sehr bald davon erfahren haben, was in den zwei Werken eingelagert war: „Da ist einer zu uns kommen und hat g'sagt, im Berg san Bomben drin. Da haben wir g'wusst, jetzt müssen wir nachschauen."

König war einer der Arbeiter, die Kontakte zum Widerstand hatten. Der Sozialdemokrat hatte sich unter der Diktatur politisch lange nicht engagiert. Er wurde erst in den letzten Kriegsmonaten aktiv, und da vor allem aus persönlichen Gründen. Einer seiner Söhne sollte nach einem Heimaturlaub noch einmal an die Front zurück. Die Widerstandskämpfer halfen ihm zu desertieren. Im wachsenden Chaos wurden die Soldaten mit dem schriftlichen Befehl, sich bei einer Einheit irgendwo an der ohnehin kollabierenden Front zu melden, in die Transportzüge in Bad Aussee gesteckt. Kurz nach dem Aufbruch, an einer vorher vereinbarten Stelle, an der der Zug langsamer fahren musste, öffneten sie die Waggontüren und sprangen hinaus. Dort wurden sie bereits von Mitgliedern der Widerstandsbewegung empfangen und in die Berge gebracht.

Um seinen Sohn zu besuchen, hatte König von da an Kontakt mit den Widerstandskämpfern im Toten Gebirge aufgenommen. Er und seine Frau versorgten sie mit Lebensmitteln und erfuhren so auch immer die neuesten Gerüchte über die Frontlage, aber auch über die Pläne des Gauleiters und vermutlich auch die Bomben. „Ein Freiheitskämpfer", wie man ihn später nannte, „bin ich nie gewesen", lässt der Wasserer seine Rolle in diesen Tagen nicht allzu groß werden.

Ganz anders etwa als Hermann Michel. Der Mineraloge, der sich um die Einlagerung im Salzbergwerk zu kümmern hatte, behauptet, schon an diesem Tag dem Widerstand, zu dem er gute Kontakte gehabt haben will, von den Bomben erzählt zu haben. Ein Übereifer, der durch nichts außer durch Michels eigene

Erinnerungen beweisbar ist. Bis 1938 war er Direktor des Natur-historischen Museums in Wien gewesen, doch kurz nach dem Einmarsch hatten ihn die Nationalsozialisten abgesetzt und in der wenig attraktiven Mineraliensammlung abgestellt. Alles nur, weil er Kommunist gewesen sei, behauptete Michel später. Doch statt sich gegen das Regime zu engagieren, diente sich der Natur-wissenschaftler den neuen Machthabern ziemlich verzweifelt an. Er verfasste Publikationen, die sich mit den „rassischen und emotionalen" Eigenschaften von Juden beschäftigten, gestaltete die unter der Diktatur eingerichteten Ausstellungen zur Rassen-kunde mit und hielt Vorträge vor einflussreichen Handlangern des Regimes, in denen er sich über die Vorzüge des nordischen Menschen verbreitete. All das habe er nur zur Tarnung getan, erklärte der Edelsteinspezialist nach dem Krieg.

Jedenfalls spielte Michel bei der Einlagerung der Kunstschätze in Altaussee seit Herbst 1943 eine entscheidende Rolle – und er spielte sie konsequent und mit naturwissenschaftlicher Akribie, bis die Amerikaner im Mai 1945 die Mine übernahmen. Als Mit-glied der Führungsmannschaft, die die gesamte Kunstbergung organisierte, war er auch in diesen Apriltagen, als sich das Schick-sal der Kunstschätze in Altaussee entscheiden sollte, dabei.

Zwei Tage nach dem ominösen Transport versammelte sich die Führungsmannschaft der Saline in der Zentrale. Hoher Besuch aus Berlin war angekündigt. Man war nervös, etwas schien sich zusammenzubrauen. Mit eiserner Konsequenz hatte der Linzer Emmerich Pöchmüller die Salinen auch im letzten Kriegsjahr geleitet: Er hatte nicht nur die kriegswichtige Salz-produktion trotz aller Schwierigkeiten effizient weitergeführt, sondern auch dafür gesorgt, dass die Bergung der Kunstschätze nach Plan ablief und um seine Arbeiter gekämpft. Der ehrgeizige Chemiker hatte schon während der Dreißigerjahre eine beein-druckende Karriere in Hitlers Deutschland durchlaufen. Der vom Regime massiv vorangetriebene Ausbau kriegswichtiger Industrien verschaffte ihm in rasanter Abfolge immer höhere Führungspositionen. Dass Pöchmüller auch politisch linientreu war – er war seit 1936 Mitglied der NSDAP –, beschleunigte das Karrieretempo nur noch. Der aus bürgerlichen Verhältnissen stammende Pöchmüller war wohl national geprägt, aber kein Nazi aus ideologischen Gründen, er war schlicht einer jener Experten, die bereitwillig ihr Wissen und Können für den wirtschaftlichen Aufbau der Diktatur hergaben – und dafür mit allem belohnt wurden, was diese Diktatur zu bieten hatte: Auszeichnungen, Führungspositionen und natürlich Geld.

Pöchmüller war ein Organisationstalent mit einem Selbstbewusstsein, das regelmäßig in Arroganz umschlug. Sogar seine Angehörigen, die ich aufsuchte, haben im Gespräch immer wieder diese Schwäche eingestanden. Er war keiner, der sich mit seinen Untergebenen auf kumpelhafte Weise einließ, kein Chef zum Anfassen, sondern der Respekt einflößende Herr Direktor.

Pöchmüller selbst schildert in seiner Darstellung der Ereignisse in Altaussee, wie er sich dem mit jeder deutschen Niederlage immer drängenderen Ruf, seine Arbeiter an die Front zu schicken, widersetzte. Auch einige seiner Mitarbeiter berichteten in ihren Erklärungen den Alliierten von dieser Haltung. Natürlich musste er, als der Volkssturm 1945 die letzte Menschenreserve an die Front schickte, auf Leute verzichten. Doch das Argument des „kriegswichtigen Betriebs" zog auch im Chaos des Untergangs des Dritten Reiches noch, vor allem, weil es Pöchmüller bis zuletzt gelungen war, Waggonladungen mit Salz aus Altaussee in Bewegung zu setzen. Mit ähnlicher Hartnäckigkeit hatte er zuvor den Ausbau des Salzbergwerks zur Kunstlagerstätte betrieben. In einer Phase des Krieges, in der es in Deutschland bereits an allen Rohstoffen mangelte, gelang es ihm, Bauholz und andere Materialien in unglaublichen Mengen nach Altaussee schaffen zu lassen, er lukrierte Fahrzeuge, Bauarbeiter und Spezialisten, alles, was nötig war, um die Kunstwerke aus ganz Europa sicher zu lagern.

Was den Perfektionisten Pöchmüller an diesem 13. April 1945 erwartete, sollte ihn jedoch völlig überfordern. Seit Monaten hatte er die Schrecken, die der Krieg, vor allem aber das langsam zugrunde gehende Terrorregime im ganzen Land verbreiteten, von sich und seiner Welt ferngehalten, nicht aus Humanität, sondern weil das nicht in sein Bild des Dritten Reiches passte: Für ihn war der NS-Staat eine präzise und auf Hochtouren laufende Kriegsmaschine, in der er selbst an einem der Schalthebel saß und dafür sorgte, dass es nicht ruckte.

Der Mann, der mit großer Militäreskorte an diesem Tag vor den Salinen in Ischl einrollte, war ebenfalls ein Perfektionist, doch Helmut von Hummel war kein Techniker, sondern ein Machttechniker: James S. Plaut, einer der hochrangigen US-Offiziere, die nach dem Krieg den Kunstraub der Nazis und die Rollen der einzelnen Drahtzieher zu untersuchen hatten, beschreibt ihn als „besonders kalten und bösartigen Nazi", der das zynische Geschäft der Kunstbeschaffung perfektioniert hatte. Die Botschaften, die er aus dem umkämpften Berlin brachte, kamen von ganz oben, von Adolf Hitler persönlich, oder vielmehr von dem Mann, dem der inzwischen angeblich drogensüchtige und von Wahnvorstellungen gequälte Diktator als Letztem noch vertraute: Martin Bormann. Der „Sekretär des Führers", wie man ihn nannte, spielte in diesen letzten Tagen des Reiches längst sein eigenes Spiel – und er pokerte zu hoch. Dass er zuletzt kurz nach Hitler selbst in Berlin umkommen sollte, war im Gegensatz zum Selbstmord anderer Nazi-Größen nicht geplant. Bormann hatte einfach zu lange gewartet, um sich abzusetzen.

Und eine der wichtigsten Figuren im Spiel des Martin Bormann war wiederum dessen eigener Sekretär: Helmut von Hummel – und der stand jetzt vor dem Führungsstab der Salinen, der angstvoll und schweigend wartete, was jetzt über ihn hereinbrechen würde. Anders als Bormann, der aus kleinen Verhältnissen kam und die Nazi-Ideologie zutiefst verinnerlicht hatte, war der preußische Adelige Hummel kein Fanatiker. Er hatte von diesem Regime über Jahre profitiert, ohne sich dabei die Finger schmutzig zu machen – und jetzt, wo es zu Ende ging, wollte er unbeschadet seinen Abgang machen.

Der weltmännische und gebildete Hummel hatte seit Jahren Geldtransfers für Hitlers Kunstkäufe abgewickelt und vertrat

Bormann regelmäßig bei diesbezüglichen Verhandlungen. Als 1944 die Kunsttransporte aus dem Führerbau in München in Richtung Altaussee zu rollen begannen, überwachte Hummel deren Abwicklung. Immer wieder war er in den vergangenen Monaten zwischen Berlin und dem Salzkammergut gependelt. Dass er sich dabei nicht nur um Kunst zu kümmern hatte, sondern auch darum, ein Millionenvermögen für Bormann in Sicherheit zu bringen, ist nur in allerdings etwas zweifelhaften Dokumenten aus Bormanns Nachlass dokumentiert. Ob es sich nun um Hitlers geraubte Kunstsammlung oder auch um das Vermögen seines Sekretärs handelte, der Taktiker Hummel bediente sich bei seiner Mission der Unterstützung jenes Mannes, der im Gau Oberdonau gerade in diesen Tagen noch alle Hebel in Bewegung setzen konnte, auch wenn es mit brutaler Gewalt war – Gauleiter Eigruber.

Hummel kam gerade aus Linz, doch diesmal hatte er nicht nur die üblichen Befehle, Anweisungen und dringenden Wünsche „direkt vom Führer" mit, sondern eine Nachricht, die den ganzen Raum vor Entsetzen erstarren ließ. Hummel hatte Eigruber den jüngsten Befehl Hitlers aus dem Führerbunker mitgebracht. Wieder einmal war von „Lähmung" die Rede, also davon, alle noch funktionierenden Betriebe, aber auch die Infrastruktur von Gas- und Wasserleitungen bis hin zu Elektrizitätswerken, stillzulegen oder so weit betriebsuntüchtig zu machen, dass sie der Feind auf längere Zeit nicht nutzen konnte. Es war jener Befehl, den Rüstungsminister Speer Hitler abgerungen hatte. Eigruber aber schenkte dem längst keinen Glauben mehr. Für ihn galt jener „Nero-Befehl", den Hitler schon im März erlassen hatte: der Befehl zur planmäßigen und totalen Zerstörung Deutschlands. Er gab auch das perfekte Motto ab für den eigenen Untergang, den der Nazi-Fanatiker in seinem kleinen Reich jetzt inszenierte. Jede spätere Abschwächung, jeden Rettungsversuch wischte er einfach vom Schreibtisch seiner Linzer Befehlszentrale. Auch Pöchmüller beschreibt, wie angsteinflößend der Gauleiter mit all seiner „bullenhaften" Energie wirkte.

Lähmen, versiegeln, vielleicht sogar das Salzbergwerk, lächerlich! Eigruber brüllte seinem wie immer unterkühlt arroganten Gast aus Berlin beinahe mit Leidenschaft seinen Plan entgegen: Bomben lasse er in den Berg schaffen, amerikanische Fliegerbomben, über Linz abgeworfene Blindgänger, die nicht explodiert waren und jetzt die Wirkung ihrer 500 Kilo Sprengstoff im Salzbergwerk entfalten sollten. Nichts, aber auch gar nichts von der Kunst da unten – Eigruber hatte dafür nie einen Sinn gehabt – sollte erhalten bleiben. Was zählten denn noch die Befehle aus Berlin, war nicht gerade Wien von den Russen eingenommen worden, marschierten diese nicht im Eiltempo durch die Steiermark, also auch in Richtung Altaussee? Hatte der Führer nicht Warschau niederbrennen lassen, und Rotterdam, nur damit nichts dem Feind in die Hände fallen würde? Auch in seinem Gau, das machten die täglich verbreiteten Durchhalteparolen, die Zwangsrekrutierungen und die Aufforderungen, „bis zur letzten Patrone" zu kämpfen, deutlich, sollte es keine Gnade bis zum Untergang geben.

Hummel ließ den Anfall des von ihm zutiefst verachteten Emporkömmlings einfach über sich ergehen. Er hatte ohnehin seine eigenen Vorstellungen. Er werde das alles der Direktion in Ischl erklären, wenn das der Gauleiter so wolle, erklärte er. Wenn er wollte, könne er sich das gleich persönlich anschauen, donnerte Eigruber fast euphorisch. Glinz, sein Gauinspektor, würde ihn zum Salzberg bringen.

Hummel hatte die Bomben bereits gesehen, als er Stunden später in der Direktion in Ischl stand. Eigentlich hatte Eigruber ihn ja um Stillschweigen gebeten. Die in den Salinen sollten von seinem Plan erst erfahren, wenn es zu spät war. Doch Hummel wollte sich nicht zum Verbündeten dieses Mannes machen, er wollte sich zu niemandes Verbündeten mehr machen, also legte er Direktor Pöchmüller und seinen Leuten einfach vor, was er aus Berlin und was er aus Linz mitgebracht hatte. Und er ließ durchblicken, dass er Eigrubers Befehl für den in dieser Situation gewichtigeren hielt. Die Sprengung sei also kaum zu verhindern.

Die Diskussion, die sich danach in der Direktion zögerlich anbahnte, schwankte irgendwo zwischen Ängstlichkeit und offener Verzweiflung. Der völlig überforderte Pöchmüller klammerte sich an den angeblichen Befehl Hitlers. Müsse man nicht nur lähmen, statt zu zerstören? Sei das nicht der tatsächliche Wunsch des Führers? Doch dem Gauleiter, der in den letzten Tagen bewiesen hatte, dass ihm jede Gewalttat zuzutrauen war, wagte Pöchmüller nicht offen zu widersprechen, also versuchte er verzweifelt, die Sache irgendwie zurechtzurücken. Vielleicht ließe sich Eigruber in einem persönlichen Gespräch überreden? Vielleicht könne man ihm die Lähmung, also das Zusprengen der Eingänge zur Mine, als ersten Schritt zur Vernichtung verkaufen?

Hummel blieb kühl, er wollte von der ganzen Angelegenheit so weit wie möglich Abstand halten. Er hielt sich an die Sprachregelungen aus dem Berliner Bunker, aus ihm sprach sein Auftraggeber Martin Bormann. Die Kunstschätze, das ließ er seine entsetzten Gesprächspartner wissen, seien doch für das deutsche Volk, das ohnehin dem Untergang geweiht sei, völlig überflüssig. Also müsse man nur verhindern, dass diese den neuen Herren, den Bolschewisten und dem Weltjudentum in die Hände fielen.

Jetzt verlor einer die Fassung, der diesen Zynismus nicht hinnehmen konnte, einer, durch dessen Hände jedes dieser Kunstwerke auf dem Weg in die Mine gegangen war, der darin sein Lebenswerk gesehen hatte. Herbert Seiberl herrschte den arroganten Adeligen aus Berlin an. Ob er denn eine Ahnung habe, was das für Schätze seien, einzigartig, ein Verlust für die Kultur ganz Europas. Da seien da Vincis und Michelangelos dabei, die wären nicht Eigentum der Deutschen. Seiberl sah sein Lebenswerk gefährdet. Seit 1938 war er den Nazis bei ihrem Kunstraub bereitwillig zur Hand gegangen, auch aus naiver Begeisterung für die Kunstwerke, die auf einmal durch seine Hände als Direktor des Bundesdenkmalamtes gingen. Seit 1943 arbeitete er nun daran, all diese Schätze sicher im Bergwerk unterzubringen. Seiberl war im Grunde seines Herzens ein Künstler, hatte selbst an der Kunstakademie am Wiener Schillerplatz

Restaurierung studiert und dort seine eigenen künstlerischen Grenzen nur allzu schmerzhaft erfahren. Umso größer war sein Respekt, seine Verehrung für die großen Maler, deren Werke er im Salzberg verwahrt hatte. Der Restaurator war auch früh in die NSDAP eingetreten, aber eher aus einer ideologischen Schwärmerei als aus politischem Kalkül. Seiberl hatte sich in dieselben Philosophen vertieft, die auch Hitler seine Ideen gegeben hatten. Eva Frodl-Kraft, die als junge Fotografin bei der Bergung der Kunstschätze mit dabei war, lernte Seiberl auch persönlich gut kennen. Sie beschreibt ihn als Romantiker. Für ihn sei der Nationalsozialismus eine Vision gewesen, die systematische Grausamkeit des Regimes, den Terror, die Massenvernichtung, all das habe Seiberl nicht sehen wollen. Die Leitung der Kunstgüterbergung, das war der Job seines Lebens gewesen, dass das Regime da draußen längst im Zusammenbrechen war, hatte er bis zuletzt nicht sehen wollen. Jetzt aber drohte auch die Welt, die sich der Restaurator inmitten der einzigartigen Sammlung, die er betreute, geschaffen hatte, zusammenzubrechen.

Während Pöchmüller sich angesichts des Vernichtungsszenarios zwischen Angst, Disziplin und Wut hin und her wand, taktierte, mühsam Erklärungen suchte, kämpfte Seiberl offen und verzweifelt. Und mit ihm überwand ein zweiter seine Ängste, redete auf Hummel ein, und wurde dabei so laut, dass ihn die Umstehenden nicht wiedererkannten: Karl Sieber, der Chefrestaurator der Kunstbergung. Gemeinsam mit Seiberl hatte der Berliner in den vergangenen Monaten die vom Transport beschädigten Kunstwerke kontrolliert und so gut wie möglich repariert. Er war ein stiller, meist in sich gekehrter Perfektionist, die präzise Ergänzung zum schwärmerischen Kunstliebhaber Seiberl. Zu den Nazis hatte er schon in Berlin so gut wie möglich Distanz gehalten. Das wurde ihm auch nach dem Krieg von den alliierten Behörden bestätigt. Freilich, auch Sieber war Mitglied der NSDAP, aber aus einem einzigen unglückseligen Grund: Ausgerechnet ein jüdischer Freund in Berlin hatte ihm dazu geraten. Hitler hatte damals bereits seine Kunst-Raubzüge durch ganz Europa begonnen – und nur so konnte der in Berlin als einer der besten Restauratoren bekannte Sieber Mitglied des Teams werden, das die Raubkunst, die in der Reichshauptstadt eintraf, fachgerecht zu kontrollieren und notfalls zu restaurieren hatte. Je länger der Krieg dauerte, desto weiter zog sich Sieber in seine Restaurierungswerkstatt zurück. Er fragte nicht, woher und von wem all diese Werke kamen, die jetzt durch seine Hände gingen. Er war vermutlich nur froh, sich mit ihnen, anstatt mit dem Rest der Welt beschäftigen zu können.

Und als die Bilder Berlin verließen und vor den alliierten Bomben in Sicherheit gebracht wurden, ging Sieber mit ihnen, bis er schließlich im Salzberg und bei Seiberl landete. Im vergangenen Winter waren die eintreffenden Kunsttransporte von Woche zu Woche chaotischer geworden. Die Bilder waren nur noch in Lumpen gehüllt, die Statuen – auch die Madonna Michelangelos – nur noch notdürftig auf Paletten verschnürt. Van Eycks Genter Altar traf ein, von einer fluchtartig aus Belgien abrückenden SS-Einheit in aller Eile aus der Kirche geraubt: Das Holz der Altarflügel war zersplittert, als sie Sieber in Empfang nahm. Über Wochen hatte er sich nur den Altarbildern gewidmet und die Löcher in einem der bedeutendsten Kunstwerke der Weltgeschichte kunstvoll verschwinden lassen. Das war sein größter Stolz. So groß, dass die beiden noch im Winter 1945 den frisch restaurierten Genter Altar ausstellten – als gäbe es nichts Wichtigeres, als dieses Kunstwerk noch einmal den Menschen zu zeigen, bevor es unter der Erde verschwand. In der Spitalskirche in Bad Aussee wurde das Monumentalwerk für einige Wochen aufgestellt, und die erstaunten Einheimischen versammelten sich vor diesem wegweisenden Stück Kunstgeschichte.

Jetzt aber drängten die beiden Restauratoren auf eine Rettungsaktion. Etwas musste geschehen, von Lähmung und anderen bergbautechnischen Details verstanden sie nichts. Sie wollten bloß die wichtigsten Kunstwerke aus dem Berg schaffen, sie irgendwo anders verstauen, weit weg vom Wahn des Gauleiters.

Immer heftiger kochte die Verzweiflung der beiden hoch, immer lauter wurde die Diskussion. Hummel geriet in die Defensive und zog sich sofort auf den für ihn noch immer sichersten Standpunkt zurück: Der Führer, nur der Führer könne das entscheiden, könne den Befehl zur Rettung geben. Hummel begab sich in einen der Kanzleiräume, ließ sich nach Berlin, in den Führerbunker durchstellen. Noch funktionierten die Telefonleitungen. Hummel erzählt Bormann von den Vorgängen in Ischl, von der Aufregung und vom verzweifelten Widerstand der Restauratoren. Wäre wohl schwierig, mit solchen unzuverlässigen Kräften die Aktion durchzuführen.

Was war Bormanns Antwort, welchen Plan schmiedeten die beiden, wurde Hitler überhaupt informiert? Über all das kann bis heute nur spekuliert werden. Doch als Hummel eine halbe Stunde später zurückkehrte, sprach er von einer neuerlichen klaren Anweisung des Führers: Die Kunstwerke dürften nicht zerstört werden. Ein eigener Vermittler werde nach Linz geschickt, um den Gauleiter zu überzeugen.

Während Pöchmüller und seine Experten erleichtert ihre Ideen zur Rettung der Mine und der Bilder austauschten und Pläne für die nächsten Tage schmiedeten, machte sich Hummel möglichst rasch davon. Er hatte Wichtigeres vor, und dafür brauchte er den Gauleiter und vor allem seinen Gauinspektor Glinz noch. Denn Hummel hatte nicht nur Befehle aus Berlin mitgebracht, sondern auch Geld und Gold. Bormann hatte ihm eine Art Fluchtkassa in die Hand gedrückt, und die sollte in der „Alpenfestung", wie man im Führerbunker das steirische Salzkammergut nannte, versteckt werden – für den Zeitpunkt, der nie kommen sollte, wenn es Bormann aus Berlin heraus schaffen würde. Doch nur dem Taktiker Hummel gelang es nach dem Krieg, sich von allen Anschuldigungen über seine Verwicklung in die Verbrechen der Nazis reinzuwaschen. Danach verlieren sich seine Spuren – und das Geld aus der Fluchtkassa sollte nie wieder auftauchen.

In der Direktion in Ischl wurde bis tief in die Nacht weiterdiskutiert. Hermann Michel wurde noch hinzugezogen, um seine Ideen für die Rettung der Kunstschätze beizutragen. Wer hatte in dieser Nacht welche Ideen, wer drängte auf rasches Handeln, wer zögerte, konnte sich auch jetzt noch nicht von den jahrelang eingespielten Hierarchien der Nazi-Diktatur lösen? Wir wissen es nicht mit letzter Sicherheit. Michels seltsames Spiel, das ihn schließlich mit dem Auftauchen der Amerikaner in Altaussee zum obersten Widerstandskämpfer werden ließ, habe ich bereits erwähnt. Doch auch alle anderen Mitspieler in diesem Wettlauf gegen die Zeit würden sich nach dem Krieg in den Mittelpunkt der Rettungsaktion stellen. Pöchmüller etwa sollte sich wenige Jahre nach dem Krieg, als er aus dem Entnazifizierungslager entlassen worden war, in einem Buch die Hauptrolle beim Kampf um die Rettung der Mine und der Kunstschätze zuschreiben. Viele seiner Mitarbeiter sollten ihm und seiner Schilderung weitgehend zustimmen, manche wiederum schrieben sich selbst eine wichtigere Rolle zu, als Pöchmüller behauptete, und manche, wie die Kunstexperten Seiberl und Sieber, blieben gegenüber Pöchmüller zwar wohlwollend, aber zurückhaltend. Auf Detailfragen, wer wann und wo was veranlasst oder selbst durchgeführt hatte, wollten sie sich nicht einlassen. Einige leitende Mitarbeiter des Bergwerks aber wollten Pöchmüller auf keinen Fall als Retter dastehen lassen, und noch viel mehr gilt das für viele Bergarbeiter, wie etwa für den bereits erwähnten Hermann König.

Angesichts der Widersprüche, die sich wahrscheinlich nie mehr auflösen lassen werden, versuchen wir die atemlose Dramatik der kommenden Tage auf das zu reduzieren, was mit Sicherheit geschah – und das lief ohnehin in einem rasenden Tempo ab.

Schon am nächsten Morgen brach Pöchmüller nach Linz auf. Er wollte den Gauleiter sprechen, ihn überreden, von der Sprengung abzusehen, oder sich auf die von Hitler angeblich geforderte Lähmung zu beschränken, also die Eingänge zu den Stollen einfach zuzusprengen. Im Landhaus in Linz herrschte in diesen Tagen längst haltloses Chaos. Die Gänge waren vollgestopft mit

Bittstellern und Verzweifelten. Ausgebombte versuchten irgendwie an die meist nur noch auf dem Papier existierenden Lebensmittelrationen zu kommen, Verwandte von Verurteilten und Inhaftierten wandten sich an SS- oder Gestapo-Offiziere, bettelten um Gnade. Hinter den verschlossenen Türen der Kanzleien herrschten immer noch die Handlanger der Diktatur, auch wenn sie ihre Befehle oft nur noch ins Nichts hinausschickten. Und im Mittelpunkt saß Eigruber in seiner riesigen Kanzlei, trank, brüllte Befehle, die eine Unzahl von Adjutanten entgegennahmen und damit verschwanden. Selbst für den Direktor einer Saline, eines kriegswichtigen Betriebes, gab es da kein Vorwärtskommen. Wer weiß, wie lange Pöchmüller an diesem Vormittag gewartet haben muss, bis er es endlich zu irgendeinem der Adjutanten schaffte. Der Handlanger nahm das Schreiben entgegen, das Pöchmüller aufgesetzt hatte, dann wies er ihn hinaus. Man werde das schon weiterleiten.

Einen Tag später kam die Antwort telefonisch aus Linz. Der Plan zur Vernichtung blieb aufrecht.

Pöchmüller fuhr noch einmal nach Linz, diesmal schaffte er es, zu Eigruber vorzudringen – und er schaffte es auch, den Plan, den man in der Salinenleitung ausgeheckt hatte, zumindest vorzutragen. Pöchmüller präsentierte sich als Fachmann für Bergbau, vor allem für Sprengungen. Die Fliegerbomben würden, einfach so gezündet, nicht ausreichen, man müsse vorher die Stolleneingänge zusprengen, um die zerstörerische Wirkung so zu vergrößern. Das aber könne seine Mannschaft vorbereiten. Ein wenig glaubwürdiges Plädoyer. Auch Eigruber soll es nicht besonders beeindruckt haben. Wie wolle er denn dann die Bomben zünden, herrschte er den Direktor an. Der verhedderte sich in Erklärungen und Details über Panzerkabel und Fernzündungen. Eigruber, so hoffte er, würde sich von dem Fachgesimpel überzeugen lassen und selbst den Befehl geben, die Stolleneingänge zuzusprengen. Seine eigenen Bomben wären dann hinter Metern von Schutt und Steinen verschüttet und es wäre unmöglich, sie noch zu zünden. Die Panzerkabel, so hatten es sich die

Herren gestern in Ischl in aller Hektik ausgedacht, wären dann eben unauffindbar. Eigruber war nicht überzeugt, aber hatte einfach keine Zeit, um mit diesem Direktor, der ihn behelligte, zu streiten.

Die Russen standen an der oberösterreichischen Grenze, die Amerikaner rückten von Westen vor. Eigruber wollte die Verteidigung der Stadt mit den noch vorhandenen Wehrmachts- und SS-Einheiten besprechen, außerdem wollte er insgeheim seine eigene Flucht organisieren. Seine Familie saß ja längst in Altaussee, und die wollte er zumindest noch einmal sehen. Er hatte keine Zeit für Kunstschätze und eine Mine, all das und vor allem die seltsamen Pläne dieses Direktors interessierten ihn nicht. Ja, ja sollte er seine Lähmung durchführen. „Machen Sie das, wenn Sie es unbedingt für notwendig halten, Hauptsache ist die Vernichtung. Wir bleiben stur wie die Böcke!", soll er gesagt haben.

Pöchmüller kehrte euphorisch aus Ischl heim. Jetzt konnte man zumindest mit den Planungen beginnen. Eberhard Mayerhoffer, der technische Leiter der Saline, sollte sich um die Vorbereitung der Sprengungen kümmern.

Doch während Pöchmüller in Ischl seine Pläne vorantrieb, tat sich am Salzberg selbst einiges. Das Gerücht über die Bomben im Stollen war in den vergangenen Tagen durch die Reihen der Bergarbeiter gegangen, keiner, der nicht davon wusste, keiner, der nicht seine Ideen hatte. Jetzt aber sollten auch die politischen Fronten zwischen den Arbeitern offen aufbrechen. Unter ihnen gab es überzeugte, sogar fanatische Nazis, es gab Männer, die aus irgendeinem persönlichen Kalkül, das im Frühjahr 1945 nicht mehr zählte, vor Jahren der NSDAP beigetreten waren, und natürlich gab es immer mehr Männer, die Kontakte zum Widerstand hatten – und diese Kontakte wurden jetzt immer wichtiger. „Kann sein, dass etwa 50 Prozent der Belegschaft den Nazis nahegestanden sind, vielleicht haben 5 oder 6 aktiv für die Nazis gearbeitet", sollte sich der Wasserer Hermann König Jahre später erinnern. Ein fanatischer Nazi, das war vor allem Rupert Kain, als Oberbergmeister einer der dienstältesten und erfahrensten unter den Bergleuten. Wenn der Gauleiter den Berg sprengen lassen wollte, dann hatte das wohl zu geschehen. Doch Kains Macht war längst gebrochen; jahrelang hatte es keiner gewagt, gegen den Mann mit den engen Beziehungen zum Gauleiter aufzubegehren, aber jetzt kam er mit seinen Durchhalteparolen nicht mehr weit. Franz Danner hingegen – er hatte als Bergmeister ebenfalls einen ganzen Bergarbeiter-Trupp unter sich – war seit Monaten mit dem Widerstand in Kontakt, im Ausseerland, aber auch drüben in Bad Ischl – und jetzt hielt er das auch nicht mehr geheim. Er fing an, die Männer hinter sich zu versammeln. Der Wahnsinn musste von den Bergleuten gestoppt werden. Die in der Direktion, davon war Danner überzeugt, würden doch in Wahrheit keinen Finger rühren, um die Mine zu retten. Später, nach dem Krieg, würden einige von ihnen als „Freiheitskämpfer von Altaussee" eine stark überhöhte Darstellung ihrer Aktivitäten abliefern. „Ich bin mein Leben lang kein Freiheitskämpfer g'wesen", zeigte sich hingegen Hermann König von der Heldenlegende, in der er auch eine Rolle bekommen hatte, wenig begeistert.

Es ging in diesen letzten Apriltagen unter den Bergarbeitern nicht um Freiheitskampf und auch nicht um politischen Widerstand. Es ging um die Rettung des Wichtigsten, was sie und ihre Familien und das ganze Ausseerland hatten: die Mine. Die Kunstschätze spielten in den Überlegungen der Bergarbeiter nur eine Nebenrolle, kaum einer von ihnen wusste tatsächlich, was sie da in vielen Monaten in die Stollen geschafft hatten. Ja, kostbare Teppiche, Möbel und natürlich Schmuck und Goldmünzen, das war vielen von ihnen aufgefallen, darüber erzählte man sich abends Geschichten. Aber ob Michelangelo oder Brueghel, das kümmerte kaum einen.

Mit jedem Tag wurden die Diskussionen heftiger, die Pläne, die zur Rettung der Mine zumindest angedacht wurden, wilder.

Bergarbeiter, die ja jeden Ein- und Ausgang in dem durchlöcherten Berg kannten, überlegten, wie man die Bomben aus dem Bergwerk schaffen und dann im See versenken könne. Man organisierte sich, versammelte sich nach Schichtwechsel in den Knappenhäusern. Zugleich aber wuchs das Misstrauen untereinander. Wer war jetzt wirklich dabei, wollte die Mine retten, wer eigentlich nur seine Haut – und wer stand immer noch hinter Bergmeister Kain? „Keiner hat dem anderen getraut", erinnert sich ein Bergarbeiter an diese Tage.

Die Unruhe unter den Arbeitern bemerkte bald auch der Leiter des Bergbaus, Bergrat Otto Högler. Mit dem Ausnahmezustand in der Mine war er längst vertraut. Bisher hatte es der erfahrene Bergbauingenieur geschafft, den Salzabbau in der Mine weiterlaufen zu lassen – trotz der Waggonladungen von Kunstgütern, Möbeln und Antiquitäten, die nicht nur die Eingänge und Schächte, sondern auch die Arbeiter blockierten, trotz der immer häufigeren Einberufungen von Bergleuten zum Volkssturm, zum Bauen von Verteidigungsstellungen oben am Pötschenpass, und dem chronischen Mangel von Treibstoff und Baumaterialien. Wie Direktor Pöchmüller war auch Högler Mitglied der NSDAP, hatte die Partei als Trittbrett für seine Karriere benutzt und wollte weder von der Ideologie noch von den Verbrechen des NS-Regimes allzu viel wissen. Anders als Pöchmüller aber arbeitete Högler nicht in der Chefetage in Ischl, sondern in Aussee bei den Bergleuten, und er war ihnen nicht nur örtlich, sondern auch menschlich näher, oft verbrachte auch er die Nächte in seinem Zimmer im Steigerhaus oben am Berg. Högler war ein Praktiker, ein Mann, der selbst Hand anlegte, wenn es nötig war, der bereit war zu handeln.

Es dauerte wohl nur Tage, bis die Gerüchte über Eigrubers Bomben auch bei ihm ankamen. Högler fragte in Ischl nach und bekam Besuch von Pöchmüller, der ihn schließlich einweihte, auch in die Pläne, den Berg durch eine gezielte Sprengung der Eingänge vor dem Zugriff des Gauleiters zu schützen.

Pläne über Pläne, vieles lief jetzt neben- und vieles sogar gegeneinander. Der technische Leiter der Saline, Eberhard

Mayerhoffer, begann Skizzen für die Sprengung der Eingänge zu zeichnen, berechnete Sprengstoffmengen, Lochgrößen, Zündabfolgen. Man erwog aber auch, die Kisten einfach auszutauschen oder den Sprengstoff aus den Bomben zu entfernen. Die Bergarbeiter berieten unterdessen, wie sie Bergbaumeister Kain ausschalten könnten, um endlich die Bomben aus dem Berg holen zu können. Zwei Männer aber wollten nicht länger warten, ihnen war die Rettung der Kunst zu wichtig, um sich auf den Plan Pöchmüllers zu verlassen. Die Restauratoren Seiberl und Sieber beschlossen auf eigene Faust, Bilder und Statuen vor den Bomben zu retten. Sie hatten Monate in der Mine verbracht, kannten die Lage jedes Stollens auf jeder Ebene. Sie wandten sich an Högler, und der war bereit ihnen zu helfen. Caravaggios und Michelangelos wurden aus den Regalen geholt, oft nur notdürftig in Tücher gewickelt. Auf dem Rücken schleppten die beiden ihre kostbare Beute durch die Gänge und dann über die steilen Stiegen in tiefere Stockwerke, weiter in den Berg hinein. Beide Restauratoren trugen eine Pistole am Gürtel, niemand sollte sie an der Rettung „ihrer" Kunstwerke hindern. Bergleute waren für diese Extra-Arbeit nicht mehr verfügbar, also packte jeder an, der verfügbar war. Sogar Inge Schrader, Seiberls Sekretärin, plagte sich mit den Gemälden ab.

Möglichst weit weg von den Bomben sollten die Kunstwerke gebracht werden, aber ob das tatsächlich reichen würde, um sie zu schützen, war ungewiss. Högler versicherte es den beiden Kunstexperten. Vor allem um ein Bild machte sich Seiberl große Sorgen: Vermeers „Der Maler im Atelier", Hitlers Lieblingsbild, ein Meisterwerk der niederländischen Malerei.

Nach den Gemälden kamen die großen Stücke dran, allen voran der Genter Altar und der Hohenfurter Altar aus Mähren. Tafel für Tafel wurden sie auf Hunten durch die Gänge gerollt. Hinunter zu den Bildern ging es nicht, die Stiegen waren zu eng und zu steil. Also fand Högler einen anderen Ort, einen Kilometer weiter drin im Berg. Sieber schlug eine andere, schnellere Lösung vor. Statt tiefer in den Berg hinein, könnten sie die

Gemälde einfach für ein paar Tage aus der Mine herausschaffen. Es würde doch ohnehin nur noch kurz dauern, bis der Wahnsinn hier vorbei sei. Die Pfarrkirche von Altaussee, ein wuchtiges mittelalterliches Gemäuer, sollte zum Schutzraum werden. In der kommenden Nacht rollten die Bilder, die über Monate hinauf in den Berg geschafft worden waren, wieder talwärts. Nicht nur in der Kirche wurde Kunst deponiert, sogar auf der Veranda eines Gasthauses sollte nach Kriegsende Gemälde gefunden werden, samt Lieferschein, unterzeichnet von Herbert Seiberl.

Doch nicht nur die beiden Kunstexperten versuchten in diesen Tagen, Werke aus der Mine zu schaffen. Im Chaos der letzten Kriegstage war die Gegend zum Fluchtort vieler deutscher Offiziere geworden. Die Alpenfestung, eine letzte Wahnidee der NS-Führung, sollte im Ausseerland entstehen. Es blieb eine Wahn-idee, doch sie brachte immer mehr NS-Größen dazu, sich hierher zurückzuziehen, auch um ihre weitere Flucht ins Ausland zu planen. Vorerst aber trachteten einige von ihnen, noch rasch Flucht-kapital zusammenzuraffen. Warum also nicht bei den Schätzen im Berg zugreifen? Einer, der auf diese Idee kam, war Baldur von Schirach. Seit 1941 hatte er als Gauleiter von Wien in der Hofburg residiert. Bis zuletzt hatte er Volkssturm-Einheiten gegen die Russen, die schon in Hütteldorf standen, in den Tod geschickt, dann war er verschwunden. Jetzt tauchte er in Aussee wieder auf und schickte einige der SS-Leute, die ihn hergebracht hatten, mit einem Befehl zum Salzbergwerk. Bilder – er hatte eine ganze Liste angelegt – sollten den Uniformierten ausgehändigt werden. In Tirol, so die amtliche Begründung, sollten sie sicher vor den Alliierten untergebracht werden, auch der Bodensee taucht in diesen Befehlen von Schirachs und seiner Handlanger auf. Seiberl behauptete später, er habe sich geweigert. Irgendwie aber gelangte von Schirach zumindest an einige der Bilder. Sie sollten einige Monate später bei ihm gefunden werden – in Tirol, wo der Gau-leiter inzwischen als Richard Falk untergetaucht war.

Während Seiberl und Sieber ihre ganz persönliche Kunstret-tung vorantrieben, wurde die Lage zwischen Ischl und Altaussee immer verwirrender, auch weil Tag für Tag mehr Leute eine Rolle in diesem Spiel zu übernehmen versuchten. Aus dem Führerbunker in Berlin, wo Hitler seinem Selbstmord entgegendämmerte, kamen nur noch bruchstückhafte Befehle und Nachrichten.

Und vor allem wusste keiner mehr genau, von wem diese wirklich stammten. Funksprüche, immer wieder Funksprüche, eigentlich immer des gleichen Inhalts: Dem Feind dürften die Kunstwerke im Berg auf keinen Fall in die Hände fallen, sie dürften aber auch nicht zerstört werden. War das tatsächlich noch Hitlers Wille, oder hatte wieder Albert Speer versucht, den Zerstörungswahn des Gauleiters zu stoppen? Bormanns Sekretär Hummel hatte sich in der Zwischenzeit auf Hitlers Berghof in Berchtesgaden zurückgezogen und schickte von dort Botschaften nach Altaussee, erteilte schriftliche Vollmachten, die niemandem etwas nützten. Unklar formulierte Schriftstücke von jemandem, der bis zuletzt nur damit beschäftigt war, seinen Kopf möglichst unbeschadet aus der Schlinge zu ziehen, die sich um ihn zuzog.

Pöchmüller schickte die Meldungen aus Berlin an den Gauleiter weiter, doch der hatte sie ohnehin längst auf seinem Schreibtisch und an seiner Entschlossenheit änderten sie auch nichts mehr. Der Zerstörungsbefehl blieb aufrecht, und es war nur noch eine Frage der Zeit, bis er auch umgesetzt würde – und diese Zeit wurde, je näher die Amerikaner rückten, immer knapper.

Niemand wusste mehr, wer draußen im kollabierenden Reich oder in dessen zerstückelten Überresten noch etwas zu sagen hatte. Wer konnte einem Eigruber wirklich noch etwas befehlen? Immer neue Figuren tauchten in Altaussee auf, oft angetan mit Funktionen, die längst zur Farce geworden waren. Ein Bereichsleiter aus dem Einsatzstab Rosenberg – also jener Spezialtruppe, die den europaweiten Kunstraub der Nazis organisiert hatte – erschien in der Direktion in Bad Ischl. Die Kunstschätze müssten geschützt werden, das sei auch die Meinung von Rosenberg persönlich, teilte er Pöchmüller gravitätisch mit. Es folgte eine ebenso kurze wie sinnlose Lagebesprechung am Salzberg, dann verschwand der Herr Bereichsleiter, der längst nichts mehr zu leiten hatte, auf Nimmerwiedersehen in seinem Versteck in der Nähe des Attersees. Ein Versprechen ließ er noch bei den verzweifelten Restauratoren zurück. Man müsse ihn nur verständigen, dann werde er verlässliche Soldaten schicken, die die Mine vor der Zerstörung schützen würden. Unnötig zu erwähnen, dass keiner der Soldaten je erscheinen sollte.

Waren es Seiberl und Sieber, die mit ihrer Hals-über-Kopf-Rettungsaktion nicht mehr weiterkamen, war es Högler, der wusste, dass die Bergarbeiter kurz vor dem Aufstand waren, oder war es die schlicht die drohende Katastrophe?

Jedenfalls erkennt Pöchmüller endlich, dass er handeln muss. Also schreibt er eine Anweisung. Es ist die wahrscheinlich mutigste Tat, die er in diesen Tagen setzt. Das Schreiben ist an Högler gerichtet. Er soll die Bomben aus dem Berg schaffen. Schon der Ton des Briefes macht deutlich, wie sehr jetzt auch Pöchmüller die Panik im Nacken sitzt. „In einem zur Einlagerung geeigneten Schupfen einlagern" soll Högler die Bomben.

Högler war von der Nachricht einigermaßen überrascht. Er kannte Pöchmüllers Haltung, wusste um seine verzweifelten Versuche, den Gauleiter umzustimmen, ihn vielleicht doch mit der Lähmung austricksen zu können. Doch ein Befehl, das war offener Aufruf zur Sabotage … und darauf stand die Todesstrafe, auch noch an diesem 30. April.

Högler überlegte hin und her und kontaktierte schließlich telefonisch den technischen Leiter Mayerhoffer. Über den Inhalt dieses Gesprächs gibt es seltsam widersprüchliche Aussagen. Högler selbst will darin Mayerhoffer um Auskunft über die Möglichkeiten zur Auslagerung der Bomben befragt haben. Der gab sich nach dem Krieg zurückhaltender, gestand Högler zwar eine wichtige Rolle bei der Rettung der Kunstschätze zu, wollte sich aber nicht festlegen, von wem die Initiative in diesem Moment eigentlich ausging. Die Widerstandskämpfer unter den Bergleuten, also die Gruppe, die sich rund um Danner formiert hatte, erinnerten sich ganz anders. Högler habe in Wirklichkeit darauf bestanden, die Mine zu sprengen. Er habe Mayerhoffer bedroht, ihn verhaften zu lassen, falls er die Bomben aus dem Berg hole.

Doch ob es Mayerhoffer oder Högler war, der endlich bereit war zu handeln, war plötzlich egal, denn handeln sollte in diesem Moment ein anderer. Mitten in das Ferngespräch platzte ein Mann in Höglers Büro, schnappte ein paar Worte auf und zog die Pistole. Glinz, die rechte Hand des Gauleiters, war zurückgekehrt, die Gerüchte über eine mögliche Sabotageaktion gegen die Sprengung hatten ihn unruhig gemacht. Mit der Waffe in der Hand machte er Högler klar, wie die Verhältnisse tatsächlich waren. Die Sprengung würde durchgeführt, und wer sich dagegenstelle, den werde er eigenhändig umlegen. Niemand könne die Aktion noch stoppen, das Sprengkommando der SS aus Innsbruck sei unterwegs, bringe die Zünder, um die Fliegerbomben endgültig in die Luft zu jagen: „In zwei Tagen sind sie da – und bis dahin sorge ich dafür, dass keiner hier Sabotage betreibt." Dann ließ er den entgeisterten Högler einfach stehen.

Als dieser am nächsten Morgen beim Bergwerk eintraf, hatte sich die Lage grundsätzlich geändert. Vor dem Steinberghaus hatte eine Gruppe Panzersoldaten Stellung bezogen. Glinz hatte ihnen den Befehl erteilt, jeden, der in die Mine hinein oder wieder heraus wollte, zu kontrollieren. Högler eilte in den Stollen, suchte nach den Kisten mit den Bomben und fand sie nicht mehr. „Hinunter ins Zirnfeldwerk transportiert", teilte ihm Filip, der Kommandant der Panzersoldaten mit. Ins Zirnfeldwerk, Högler wusste sofort, was das hieß. Dort unten trafen mehrere Gänge zusammen, dort blieben die Bomben zugänglich. Auch wenn man es schaffte, oben die Stollen zuzusprengen, konnte der Gauleiter sein Kommando weiterhin zu den Bomben schicken und alles vernichten.

Die geplante Finte Pöchmüllers – die Lähmung, die die Bomben isolieren und damit unzugänglich machen sollte – war jetzt hinfällig. Es gab nichts mehr zu tricksen. Wer die Mine retten wollte, hatte jetzt nur noch eine Möglichkeit: Die Bomben mussten aus dem Berg geschafft werden.

Högler aber war in diesem Moment zu dieser Entscheidung noch nicht fähig. Schwer vorstellbar, was in diesem Menschen, der fünf Jahre als braver und verlässlicher Dienstleister der Nazi-Diktatur verbracht hatte, in diesen Tagen vorging. Die Nachricht von Hitlers Tod war inzwischen auch nach Altaussee gelangt, und jeder wusste, dass die offizielle Mitteilung, der Führer sei im Kampf gegen die Russen gefallen, nichts war als die letzte Groteske dieses Regimes. Högler vertraute sich also einem Freund an. Dr. Hugo Knapp war der Arzt der Saline und hatte mit dem Bergdirektor gerade in den letzten Monaten viel Zeit verbracht. Beim nächtelangen Einlagern der Kunstgüter hatte auch Knapp Unmengen an Überstunden oben am Berg absolviert. Die Stunden zwischen Stollen und Knappenhaus waren eine gute Gelegenheit, um sich – auch politisch – besser kennenzulernen. Der Nationalsozialist Högler musste also genau gewusst haben, bei wem er an diesem Abend an die Tür klopfte, um seine Sorgen loszuwerden. Knapp hatte seit Langem Kontakte zum Widerstand. Er war bei der Gruppe rund um Bergmeister Danner, er hatte mit ihnen Pläne zur Rettung der Mine besprochen, die mit denen Pöchmüllers und Höglers nichts zu tun hatten – diesen Nazi-Parteigängern traute man ja bis zuletzt nicht. „Völlig verstört" sei Högler gewesen, sollte sich Knapp später erinnern. Alles habe ihm der Bergdirektor erzählt, von Glinz' Drohungen mit der Waffe in der Hand, von den verzweifelten Überlegungen, den Gauleiter auszutricksen, und natürlich von den Kisten, die da unten im Berg lagen mit der Aufschrift „Marmor nicht stürzen". Vor allem aber machte er dem Arzt deutlich, wie knapp das Ende der Kunstschätze und damit der Mine bevorstand. Zwei Tage noch, dann sei das Sprengkommando in Altaussee.

Knapp hatte natürlich die Gerüchte gehört, die die Runde gemacht hatten. Jetzt aber saß ihm der Bergdirektor persönlich gegenüber, und das machte aus Gerüchten Tatsachen. Wenn es noch eine Lösung gab, dann mussten Bergleitung und Widerstand gemeinsam vorgehen, das machte der Arzt seinem Gast klar. Er werde umgehend mit seinen Vertrauensleuten reden. Alles weitere dann morgen.

Kaum war Högler weg, suchte Knapp seinen wichtigsten Vertrauensmann auf: Hermann König. Der Wasserer war kein Fanatiker. König brachte die halb erfrorenen Kämpfer aus dem Toten Gebirge bei sich unter, gab ihnen, was er in diesen Kriegsmonaten an Brot, Mehl und Fett entbehren konnte. Und er würde auch jetzt helfen, um die Mine und damit die Arbeitsplätze für sich und seine Kollegen zu retten.

König reagierte rasch. Als Wasserer habe er jederzeit Zugang zu jedem der Stollen, und zwar ganz unabhängig von den jeweiligen Schichten. Man müsse nachsehen, wo die Kisten des Gauleiters jetzt lagerten, und endlich einmal schauen, was sie wirklich enthielten, und zwar noch heute Nacht. Als Högler gegangen war, machte sich der Bergmann auf den Weg, zuerst einmal zu dem Mann, dem er – zumindest, was die Mine betraf – am meisten vertraute: Alois Raudaschl. Die beiden kannten sich seit Jahren, und auch wenn Raudaschl im Gegensatz zu König Mitglied der NSDAP war, waren sie einer Meinung, wenn es um das Bergwerk ging: Man musste alles tun, um die Sprengung zu verhindern. Raudaschl zögerte nicht. Ein paar Stunden später waren die beiden oben am Eingang des Stollens. Der Soldat, der Wachdienst hatte, wunderte sich zwar über den nächtlichen Besuch, aber dass die Wasserer immer Zugang zur Mine hatten, war ihm mitgeteilt worden. Raudaschl und König arbeiteten sich durch die Gänge bis ins tiefgelegene Zirnfeldwerk zu den Kisten vor, brachen die Riegel auf und wühlten sich durch das Stroh. „Ein Uhr nachts war's", erinnerte sich Raudaschl Jahre danach, „da haben wir die Kisten aufgemacht und gesehen, dass Bomben drin sind. Dann ist der Wirbel losgegangen."

Jetzt hatten sie vor sich, was alle befürchtet hatten: 500 Kilogramm schwere US-Fliegerbomben, die irgendwo über Linz abgeworfen worden und nicht explodiert waren. Für ein Sprengkommando wie jenes, das aus Innsbruck anrückte, waren es nur ein paar Handgriffe, um neue Zünder an den Blindgänger zu montieren …

Sie versammelten sich nach Ende der Frühschicht. Högler rief die Arbeiter vor dem Steinberghaus zusammen und berichtete noch einmal ausführlich, was ohnehin längst jeder wusste: die Bomben, der Vernichtungsbefehl Eigrubers, das Sprengkommando, das demnächst eintreffen würde. König und Raudaschl erzählten von ihren Entdeckungen der Nacht. Wieder wurden die Vorschläge laut, die seit Tagen durch ihre Reihen geisterten: Man müsse den Widerstand kontaktieren, Bewaffnete heraufholen, um die Kisten zu bewachen. Tollkühn schlugen manche vor, das Sprengkommando auf dem Weg aufzuhalten. Solle man nicht einfach Seile über die Straße spannen, einen Hinterhalt legen? Högler wurde klar, dass die Stimmung unter den Bergleuten endgültig gekippt war. Kain, der Nazi-Bergmeister, vor dem bisher jeder gekuscht hatte, war verschwunden. Danner und seine Verbündeten fragten schon, wer bereit sei, eine Waffe zu tragen. Gewalt sei wohl nicht mehr zu vermeiden. Doch wer sollte sich tatsächlich dem gut bewaffneten und immer noch zu allem entschlossenen Sprengkommando der SS entgegenstellen?

Mitten in dem Stimmengewirr richteten sich plötzlich die Augen auf Alois Raudaschl, der nach vorne getreten war und den Bergdirektor direkt ansprach. Doch was er zu sagen hatte, war sogar im Wahnsinn vom Mai 1945 noch eine tödliche Verrücktheit: „Es gibt einen, der uns jetzt helfen kann, einer, der auch den Eigruber zum Schweigen bringt: Ernst Kaltenbrunner, der Gestapo-Chef."

Der Wasserer und der Massenmörder

„Die Iris, die Iris kann uns helfen. Die bringt uns bis zum Kaltenbrunner!" Schon gestern Nacht, als sie durch die kilometerlangen Gänge Richtung Ausgang gehetzt waren, hatte er die Idee seinem Freund König anvertraut. Und jetzt stand Alois Raudaschl vor dem völlig entgeisterten Bergrat und erzählte ihm, was er vorhatte. Iris Scheidler brauchte er Högler nicht lange vorzustellen. Jeder im Dorf kannte die strahlend schöne blonde Frau. Ganz sprachlos seien sie jedes Mal gewesen, wenn die Scheidler bei der Tür hereinkam, konnten sich die Altausseer noch Jahre nach dem Krieg erinnern. Gerade dreißig geworden, war sie inzwischen zum zweiten Mal verheiratet, mit Arthur Scheidler, dem Adjutanten von Ernst Kaltenbrunner, einem der mächtigsten Männer im untergehenden deutschen Reich. Als Chef des Reichssicherheitshauptamtes war er nicht nur Herr über die Geheimpolizei Gestapo, sondern über alle wesentlichen Sicherheitsdienste der Diktatur, und damit auch über einen Teil der SS. Der gebürtige Oberösterreicher war schon in den frühen Dreißigerjahren illegaler Nationalsozialist geworden und hatte nach dem Anschluss unaufhaltsam den Weg an die NS-Führungsspitze beschritten. Wie viele der österreichischen NS-Funktionäre war der Zwei-Meter-Hühne Kaltenbrunner bereit, den Weg Hitlers konsequenter und vor allem skrupelloser mitzugehen als viele der deutschen NS-Größen. Ganz nach oben aber war er erst gelangt, als Hitlers Regime bereits den Weg in den Untergang eingeschlagen hatte. Nach der Ermordung Richard Heydrichs machte SS-Chef Himmler ihn zu seinem wichtigsten Mann. Und Kaltenbrunner hatte in den letzten Monaten des Dritten Reiches in dieser Funktion die „Endlösung", die Vernichtung der europäischen Juden, mit eiserner Konsequenz vorangetrieben, hatte noch Erschießungen in österreichischen Konzentrationslagern angeordnet, als die Amerikaner schon kurz davor standen.

Und jetzt saß Kaltenbrunner im Ausseerland, wo er sich mit seinen engsten Mitarbeitern verschanzt hatte, darunter vor allem dem aus Wien stammenden Geheimdienst-Offizier Wilhelm Höttl. Aufgewachsen in Ried im Innviertel, hatte Kaltenbrunner das Ausseerland immer geliebt. Grund genug für ihn, es nicht nur für sich zur letzten Zuflucht zu machen, sondern auch für seine Familie und – viel wichtiger noch – für seine Geliebte Gisela von Westarp. Sie stammte selbst aus hohem Adel und war seit Herbst bei der den Nazis ohnehin nahestehenden deutschen Adelsfamilie Hohenlohe-Schillingsfürst mitten in Altaussee einquartiert. Mit gerade 25 war sie bereits verwitwet, ihr Mann, ein hochrangiger Offizier, war an der Ostfront gefallen.

Die Gräfin hatte Kaltenbrunner in Berlin kennengelernt, im Hauptquartier von SS-Führer Heinrich Himmler. Sie war sofort fasziniert von dem „stattlichen, auf Frauen sehr wirkenden Mann", wie ihn ein anderer hochrangiger Nazi beschreibt, und wurde zur Geliebten des Österreichers, der bereits mit Himmler an der „Endlösung" arbeitete. Kaltenbrunners Gegner und Opfer können sich vor allem an seine Furcht einflößende Kaltblütigkeit erinnern, die sekundenschnell in vulgäre Grobheit umschlagen konnte. Seit Herbst 1944 saß Westarp nun in Altaussee, hatte sich ihren elitären kleinen Freundeskreis geschaffen und vertrieb sich so stilvoll wie möglich die Zeit, bis der Geliebte wieder einmal aus Berlin anreiste. Iris Scheidler, die Frau des Adjutanten, war ihr inzwischen zur besten Freundin geworden. Und da Iris ein Kind von ihrem Mann, die Gräfin aber Zwillinge von Kaltenbrunner erwartete, passten sich die Tagesabläufe wie von selbst einander an.

Westarp aber war nicht die einzige Frau, die in diesen Tagen im Salzkammergut auf Kaltenbrunner wartete. In Strobl am

Wolfgangsee saß Elisabeth, seine Gattin, mit ihren drei Kindern. Sie hatte ihn als jungen Mann, der als illegaler Nazi bereits in den politischen Untergrund abgetaucht war, kennengelernt und war mit ihm den ganzen Weg bis in die höchsten Kreise der politischen Führung gegangen. Doch Kaltenbrunner, wie viele andere Nazi-Größen, wahrte seit Langem nur noch den Schein dieser Ehe, gab nur noch für die Propagandafotos des Regimes den liebenden Vater. Der Fanatiker, den seine Biografen als verschlossen und zu menschlichen Bindungen nicht fähig beschreiben, nützte seine Wirkung auf Frauen ohne jede Zurückhaltung. In den ersten Kriegsjahren wechselten sich seine Geliebten daher quasi im Stakkato ab. Der Sohn aus streng nationalem Haushalt genoss das dekadente Leben der Nazi-Elite zunehmend. Hochprozentiger Alkohol war sein täglicher Begleiter. In diesen letzten Kriegsmonaten war Schnaps schon zum Frühstück Pflicht.

Obwohl er also immer wieder ins Salzkammergut pendelte, hatte Kaltenbrunner bis zuletzt im Führerhauptquartier in Berlin ausgeharrt. Am 19. April hatte er sich im Bunker unter der Reichskanzlei von dem bereits in seinen Wahnideen völlig verlorenen Hitler verabschiedet. Der aber gab Kaltenbrunner, dem er längst mehr vertraute als dessen Vorgesetzten SS-Chef Heinrich Himmler, einen Auftrag mit – und dazu Machtbefugnisse, die zwar nur noch Theorie waren, ihn aber endgültig in eine Reihe mit den Spitzen der Nazi-Diktatur aufrücken ließen. Er übertrug ihm die Befehlsgewalt über Bayern und Österreich. Sollte die Verbindung mit dieser südlichen Hälfte des Reiches endgültig abreißen, habe Kaltenbrunner allein alle militärischen und politischen Entscheidungen zu tragen. Der Mann, der Mitte April endgültig in Altaussee Quartier bezog, war also der unbeschränkte Herrscher über das letzte Rückzugsgebiet des Nazi-Reiches: die „Alpenfestung".

Die war in Wahrheit nicht viel mehr als die letzte Wahnidee Hitlers. Doch diese setzte sich nicht nur in den Köpfen seiner halsstarrigsten Mitkämpfer, sondern auch in den Köpfen der alliierten Militärführung fest. „Wir hatten jeden Grund zu glauben, dass die Nazis entschlossen waren, dort zwischen den Bergen ihre letzte Bastion zu errichten", erinnert sich US-General Smith an seine Einschätzung der Lage im Frühjahr 1945. Und alle Geheimdienst-Informationen hatten genau auf ein Gebiet für diese Bastion gedeutet: die Alpen südlich von Salzburg. Es gab Luftaufnahmen von im Bau befindlichen Stellungen auf Passstraßen wie der über den Pötschen, von Bunkerbauten und Munitionsdepots tief in den Bergen. Gerüchte von „Werwolfanschlägen", die gut ausgerüstete, fanatisierte SS-Einheiten auf die vorrückenden alliierten Truppen planen würden, ließen die US-Generäle mit dem Einmarsch in das heikle Gebiet Woche um Woche zögern.

Unterdessen aber strömten die gesamte Nazi-Elite und die letzten regimetreuen Reste der deutschen Heerführung in die Region – und dort vor allem ins Ausseerland. Selbst Goebbels war Ende März 1945 noch hier gewesen, bis er sich zuletzt doch entschloss, in den Führerbunker nach Berlin zurückzukehren und dort in den Tod zu gehen. Geblieben aber waren etwa Otto Skorzeny, SS-Standartenführer und legendärer Befreier des italienischen Diktators Mussolini, oder der Wiener Gauleiter Baldur von Schirach. Auch Adolf Eichmann erreichte in den ersten Maitagen Altaussee. Der SS-Obersturmbannführer, der als Untergebener Kaltenbrunners die Ermordung der Juden in ganz Osteuropa organisiert und bis zur letzten, unmenschlichen Konsequenz vollzogen hatte, hatte seine Familie schon Monate zuvor hier einquartiert. Unter ihrem Mädchennamen Veronika Liebelt hatte sich seine Frau mit den drei Söhnen in einem komfortablen Häuschen eingerichtet. Hier verkroch sich schließlich auch der Massenmörder Eichmann und plante während der letzten Kriegstage seine Flucht. Über die Blaa-Alm, gleich bei Altaussee, sollte er sich schließlich ins Ausland und nach Argentinien absetzen. Seine Familie reiste ihm Jahre später hinterher. Erst 1960 spürte ihn Simon Wiesenthal in Südamerika auf.

Rund um diese Nazi-Größen hatten sich die letzten Vertreter jener Marionettenregime, die Hitler in den eroberten Ländern eingesetzt hatte, im Salzkammergut versammelt. Josef Tiszo, der slowakische Staatschef von Hitlers Gnaden, genauso wie Konrad Henlein, der Mann, der die Deutschen in Böhmen und Mähren auf Hitler eingeschworen hatte. Während Zehntausende von ihnen in diesen Wochen aus ihren Höfen und Häusern vertrieben wurden, wartete er das Kriegsende in Bad Goisern ab. Auch aus anderen Marionettenstaaten wie Estland oder Kroatien hatten es die Machthaber ins Ausseerland geschafft. Dazu kamen Luftwaffengeneräle oder auch Walter Riedl, der Chef der Konstruktionswerkstatt, die die V-2-Rakete entworfen hatte, ebenso wie zahlreiche Botschafter des Regimes und Direktoren aus der Industrie.

Doch nicht nur Nazi-Größen und ihre dubiosen ausländischen Handlanger, sondern auch Zehntausende Soldaten der zerfallenden deutschen Streitkräfte spülte es in diesen letzten Kriegstagen ins Ausseerland. Es sind endlose Trecks von müden, zerlumpten Männern, die oft noch schwere Waffen mit sich schleppen, für die sie aber keine Munition mehr haben. Ihre Fahrzeuge sind ohne Treibstoff unterwegs liegen geblieben. Unter ihnen die Verletzten der letzten sinnlosen Rückzugsgefechte. Die Spitäler in Bad Ischl und Bad Aussee sind längst hoffnungslos überfüllt. Die Kaiserstadt Ischl verwandelt sich zunehmend in ein Flüchtlingslager. Vor allem von Süden kommt Einheit auf Einheit über die Landstraßen. Es sind verstreute Teile der 6. Armee unter Generalmajor Karl Fabiunke, die sich aus Italien und vom Balkan zurückgezogen haben und jetzt hier gestrandet sind. Vom Kämpfen haben sie genug. Es gilt nur noch, nicht den SS-Einheiten in die Hände zu fallen, die in der Gegend unterwegs sind, um tatsächlich eine Verteidigungslinie aufzubauen. Oben auf dem Pötschenpass wollen sie sich den heranrückenden US-Truppen entgegenstellen. „Bis zur letzten Patrone!", haben die Offiziere als Devise ausgegeben. Gerüchte von enormen Verstärkungen, von Panzereinheiten gehen um, doch diese Panzereinheiten sind draußen im Salzkammergut liegen geblieben. Ihre Fahrzeuge versperren die Straßen, die Männer versuchen nur noch, Hals über Kopf vor den Russen zu fliehen.

Kaltenbrunner war Mitte April in Altaussee eingetroffen, begleitet von SS-Männern und mit schwerem Gepäck. Er hatte Eisenkisten und große Koffer bei sich, dazu die Dienstsiegel „Reichsführer SS und Chef der Deutschen Polizei" und „Chef der Sicherheitspolizei und des SD". Kein Zweifel, er war gekommen, um hier, im Herzen der Alpenfestung, zu residieren und nicht, um sich zu verkriechen. Doch Kaltenbrunner hatte inzwischen längst einen eigenen Plan: Er verschwendet keinen Gedanken mehr an den „Endsieg", er hat die inszenierte Götterdämmerung im Führerbunker hinter sich gelassen. Wie andere Nazi-Größen will er nun Kontakt mit den Westmächten aufnehmen und sich als Verbündeter in dem sich anbahnenden Kampf gegen den Kommunismus und die Sowjetunion andienen. Und dafür meint er den perfekten Mittelsmann zu haben: Wilhelm Höttl. Sein enger Mitarbeiter war einer der erfahrensten Offiziere des deutschen Auslands-Geheimdienstes gewesen. Er war in Italien und auf dem Balkan im Einsatz gewesen, hatte Operationen gegen den englischen Geheimdienst geleitet und war erst im Februar 1945 an einem geheimen Transport von Wertgegenständen aus Kroatien in die Schweiz beteiligt gewesen. Dort hatte er Kontakt zu Allen Dulles aufgenommen. Der Amerikaner, der nach dem Krieg der *Mastermind* der neu gegründeten CIA werden sollte, saß in Bern und kontrollierte dort Spionageaktivitäten gegen das Dritte Reich. Dulles war ein überzeugter Gegner des Kommunismus und für Gespräche auch mit hochrangigen deutschen Militärs durchaus offen. Erst im Winter 1945 hatte er die örtliche Kapitulation deutscher Truppen in Italien abgewickelt, die sich so geordnet nach Deutschland absetzen konnten. Der gewiefte Taktiker Höttl, der sich über Jahre in der Nazi-Hierarchie immer rechtzeitig auf die richtige Seite geschlagen hatte, sah seine Chance – und Kaltenbrunner glaubte ihm. Die Villa Kerry hoch über Altaussee wurde zur Schaltzentrale für ihre Pläne. Eine Funkanlage sicherte von dort aus auch in den letzten Kriegswochen den Kontakt zu anderen Köpfen des Nazi-Regimes, aber auch nach Bern zu Dulles. Dem signalisierte Höttl, dass die

SS-Einheiten in Österreich, also jene, die im Alpenfestungs-Hirn-gespinst der Amerikaner herumspukten, verhandlungswillig seien. Die Fantasien Kaltenbrunners, der bereits in der Früh heftig trank, reichten noch weiter. Als er von Höttl erfuhr, dass sich die Amerikaner vor allem wegen des zu großen sowjetischen Einflusses in Österreich und Mitteleuropa sorgten, begann er, eine „Regierung eines nichtkommunistischen Österreich" zu-sammenzustellen – mit ihm selbst an prominenter Stelle auf der Liste der Regierungsberater. Wie weit Höttls Kontakte tatsächlich reichten, und ob ihn Dulles tatsächlich als Verhandler ernst nahm oder nur versuchte, Informationen über die Alpenfestung zu erhalten, ist bis heute unklar. Kaltenbrunner jedenfalls kon-zentrierte seine Hoffnungen darauf, die Amerikaner mit seinen Erfahrungen im Kampf gegen den Bolschewismus zu versorgen.

Hatte der Nazi-Massenmörder, mitverantwortlich für den Tod Zehntausender, wenn nicht Hunderttausender Menschen, tatsächlich die Illusion, er könne ungeschoren davonkommen? Glaubte er wirklich, die Amerikaner würden ihn mit offenen Armen am Verhandlungstisch empfangen? Nun, seinem engsten Mitarbeiter Höttl sollte dieses „Kunststück" gelingen. Der wendige Geheimdienstler wechselte nach dem Krieg die Seiten und lieferte durch seine Aussagen vor dem Nürnberger Prozess seinen ehemaligen Chef Kaltenbrunner direkt an den Galgen. Höttl, der auf der Anklagebank sitzen hätte müssen, trat in den Zeugen-stand und wusch sich damit selbst rein.

Ihn, den stets hinter den Kulissen agierenden Agenten, konn-ten die Amerikaner nach dem Krieg tatsächlich gut brauchen. Zumindest vorübergehend soll sich der Militärgeheimdienst CIC mit seiner und der Hilfe anderer SS-Leute Informationen aus der österreichischen Sowjetzone und später aus Ungarn besorgt haben. Dann zog sich Höttl wieder nach Altaussee zurück, wurde Direktor einer Privatschule und ein geehrter und auch mehrfach vom Land Steiermark ausgezeichneter Bürger. Gerne gab er auch in Zeitungen und Fernsehen Auskunft über den Krieg und die NS-Herrschaft, als Zeitzeuge gewissermaßen.

In diesen Apriltagen des Jahres 1945 war Höttl vor allem damit beschäftigt, Kaltenbrunner weiter in dem Glauben zu belassen, die Amerikaner würden ihn brauchen. Erleichtert wurde dies durch die seltsam gute Stimmung in der Runde rund um den Gestapo-Chef. Wie im Auge eines Taifuns verbrachten die Nazi-Größen im Ausseerland diese letzten Tage des „Dritten Reichs" bestens versorgt und in weitgehender Ruhe. Die „Gottsöbersten" nannten sie Menschen im Dorf, in einem Gemisch aus Ehrfurcht und Angst. Skorzeny und Eichmann, Kaltenbrunner oder der Hitler-Fotograf Heinrich Hoffmann – man traf sich, trank und steigerte sich in politische Fantasien hinein, verbrachte Stunden in bizarrer Heiterkeit, während draußen, hinter dem Pötschen-pass, die Welt, die all diese Gestalten groß und mächtig gemacht hatte, unterging. Charmanter Mittelpunkt dieser Runde waren die Gräfin Westarp, die inzwischen Zwillinge von Kaltenbrunner bekommen hatte, und ihre Freundin Iris Scheidler. Iris pflegte immer noch eine Freundschaft mit ihrem viel älteren Ex-Mann, dem Mediziner Rudolf Praxmarer. Dieser, ebenfalls linientreuer Nazi und SS-Offizier, war als Arzt in einigen der umliegenden Konzentrationslager tätig gewesen und wusste also genau von den Verbrechen, die Kaltenbrunner zu verantworten hatte. Die beiden waren seit Studienzeiten in Graz eng befreundet und Kaltenbrunner hatte Praxmarer zum Militärkommandanten von Altaussee gemacht, das hieß im Frühjahr 1945 vor allem, dass der SSler Praxmarer jeden Mann, ob Zivilist oder versprengter Soldat, noch einmal an die Front und damit in einen längst verlorenen Krieg schicken konnte. Wo er auftrat, flößte er den Menschen Angst ein.

Iris Scheidler aber kümmerte das alles wenig. Sie war – wie ein völlig erstaunter Ausseer berichtet – noch im April 1945 „vor allem darauf aus, eine schöne Zeit zu haben". Sie war überall im Dorf bekannt und beliebt, bei manchen Männern – so gingen böse Gerüchte herum – sogar ein wenig zu beliebt. Zum Haus des Wasserers Raudaschl und seiner Familie war es für Iris Scheidler nur ein paar Schritte die Hauptstraße hinunter – und den Weg ging sie täglich. Schließlich versorgten die Raudaschls Scheidler, Westarp und auch Kaltenbrunner mit Milch. Raudaschl war außerdem Fischmeister am Altausseer See und war daher auch mit Kaltenbrunner mehrmals draußen gewesen, um zu fischen.

Er war also nicht irgendein Bergmann, sondern ein guter Freund, der an diesem Nachmittag bei Iris Scheidler vor der Tür stand. „Der Lois war vor der Tür", sollte sich Iris Scheidler viele Jahre später an die Begegnung erinnern, „und sagt zu mir: ‚Iris, ich bitt' dich, verschaff uns einen Weg zum Kaltenbrunner. Um alles in der Welt, es muss was geschehen.'" Iris bat den guten Freund ins Haus, holte ihren Mann Arthur dazu. Raudaschl schilderte den beiden die heikle Lage, erzählte, dass nur noch Tage, vielleicht Stunden blieben, um die Mine zu retten. Dann sei Eigrubers Sprengkommando da. Es müsse eine Chance geben, und die Chance sei Kaltenbrunner, davon waren bald auch die Scheidlers überzeugt – und es musste möglich sein, Raudaschl zu ihm hinüberzulotsen. „Der hat ja den Raudaschl auch gekannt", erzählt Iris Scheidler, „wir haben ja früher oft Schnaps getrunken zusammen." Raudaschl machte den beiden noch rasch klar, dass er gerne Bergrat Högler bei dem Treffen dabeihätte, um die technischen Fragen zu klären: Wer gibt den Wachtposten vor der Mine den Befehl zum Abzug? Wohin sollen die Bomben geschafft werden, wenn sie einmal aus dem Berg sind? Soll man die Eingänge trotzdem zusprengen? Wer sichert die Mine danach?

Wenig später waren die Scheidlers bei Kaltenbrunner. Er war ohnehin nebenan bei der Gräfin. „Soll kommen", entschied der Gestapo-Chef kurzfristig. Iris Scheidler läuft zu Raudaschl und holt ihn ab. Ein Spaziergang wurde das für den Wasserer trotzdem nicht. „Wie ich zum Kaltenbrunner gegangen bin, ist eine Schar von Gestapo-Leuten hinter mir", erinnert er sich. „Jeder hat die Hand im Sack gehabt, bereit mich zu erschießen." Raudaschl wurde vorgelassen. Er schilderte die Situation am Berg, erzählte von den Drohungen, die Glinz von sich gegeben hatte, von der Angst und Wut der Bergleute, von der wachsenden

Bereitschaft zum Widerstand. Kaltenbrunner hörte sich das alles an und traf überraschend schnell eine erste Entscheidung. „Er hat mir persönlich die Erlaubnis gegeben, die Bomben rauszuholen, mir persönlich", wundert sich Raudaschl noch Jahrzehnte später über diesen Augenblick.

Was war Kaltenbrunners Motiv? Jahrzehnte nach dem Krieg sollte noch darüber gerätselt werden. Als sicher gilt: Auch ihm ging es nicht um die Kunstschätze im Berg. Vielleicht noch eher um die Mine. Kaltenbrunner ereiferte sich – so berichten Ohrenzeugen des Gesprächs – über die Arbeitsplätze, die durch die Zerstörung verloren gehen würden, die Familien im Tal, die ihre Lebensgrundlage verlieren würden. Vermutlich aber war auch das nur taktisches Kalkül. Der SS-Führer hatte in diesen letzten Kriegstagen keinen Sinn für ein paar Bergarbeiter oder für Kunstschätze. Er musste jetzt die richtigen Entscheidungen treffen, um seinen Kopf aus der Schlinge zu ziehen. Kaltenbrunner glaubte fest daran, dass er eine Chance hatte und dass er jetzt auf die richtige Karte setzte. Waren nicht viele der Bergleute im Widerstand? Würden sie sich vielleicht bei den Amerikanern für ihn einsetzen, wenn er ihre Mine rettete?

Das Kalkül des Gestapo-Chefs sollte nicht aufgehen. Als die Amerikaner am 7. Mai auf dem Pötschenpass mit dem Angriff gegen die dort eingegrabenen SS-Einheiten begannen und unten in Altaussee die ersten Granateneinschläge zu hören waren, beschloss Kaltenbrunner, sich aus dem Staub zu machen. Direkt hinter der Villa Kerry führte ein Weg steil hinauf ins Gebirge. Er wurde nicht nur von einer kleinen Truppe SS-Männer begleitet, sondern auch von zwei Altausseer Jägern. Einer der beiden aber hatte zumindest Kontakte zum Widerstand. Waren die zwei ortskundigen Begleiter die Bedingung, die Kaltenbrunner für seinen Einsatz zur Rettung des Bergwerks und sein Duell mit Eigruber gestellt hatte? Viel spricht dafür, denn zumindest die Bergarbeiter hatte er durch den Befehl auf seine Seite gebracht. Die Gruppe arbeitete sich durch den auch im Mai noch stellenweise kniehohen Schnee bis auf die Wildensee-Alm vor. In der Almhütte war alles für einen mehrtägigen Aufenthalt vorbereitet. Ein bequemes, aber keineswegs sicheres Versteck. Hier im Toten Gebirge gab es viel entlegenere Almen und Hütten, Orte, an denen man sich wohl auch Monate hätte verstecken können. Die Widerstandsgruppen hatten ihr Lager über Monate dort oben eingerichtet, ohne dass die Soldaten, die ständig Jagd auf sie machten, auch nur die geringste Chance gehabt hatten, sie aufzustöbern. Zu Kriegsende machten sich die Nazis dorthin auf – und viele von ihnen verschwanden so auf Nimmerwiedersehen. Kaltenbrunner aber wollte nicht verschwinden, er wollte abwarten, sondieren, den Kontakt zu seinen Leuten unten im Tal halten. Kaltenbrunners Bruder Werner sollte später sagen, Ernst habe seine Gefangennahme da oben nur um ein paar Tage hinauszögern wollen. Kaltenbrunner habe ihn gefragt, ob er nicht später für ihn die Verbindung zu den Amerikanern herstellen könne, erinnert sich einer der beiden Jäger, die mit ihm auf der Alm waren.

Drei Tage später klopfte Oberst Mattesson vom US-Militärgeheimdienst an die Tür der Wildensee-Hütte. Er hatte Kaltenbrunner aufgespürt. Die falschen Pässe, die ihm Kaltenbrunner und Scheidler jetzt vor die Nase hielten, beeindruckten den Agenten wenig. Er durchstöberte die Hütte, das riesige Waffenarsenal, das dort eingelagert war. In der Asche des Ofens fand Mattesson schließlich die Erkennungsmarke Nr. 2 des Reichssicherheitsdienstes – Kaltenbrunners Nummer. Unten in Altaussee ließ Mattesson Iris Scheidler und die Gräfin Westarp kommen, und als die beiden ihren Männern um den Hals fielen, hatte der Amerikaner die Bestätigung für seinen Fang.

Kaltenbrunner sollte in Nürnberg hängen. Er war zu prominent, zu weit oben in der Nazi-Hierarchie gewesen, um mit dem Leben davonzukommen. Geheimnisvoll bleibt die Vermittlerin und wahrscheinlich wichtigste Figur in diesem nächtlichen Spiel, Iris Scheidler. Die blonde Schönheit diente sich, so wie auch ihr Freund Wilhelm Höttl, den Amerikanern an und nützte dabei angeblich vor allem ihre körperlichen Vorzüge. Während ihr Mann als SS-Offizier im Internierungslager saß, soll sie eine

Affäre mit einem amerikanischen Oberst begonnen haben. Der engagierte sie allen Zeugenaussagen zufolge als Informantin für den Militärgeheimdienst CIC. Gemeinsam mit Höttl soll sie in den späten Vierzigerjahren ein Spionage-Netzwerk im Auftrag der Amerikaner unterhalten haben. In amerikanischen Geheimdienstberichten wird aber auch über ihre Kontakte zum ungarischen Geheimdienst erzählt. Welche Informationen sie wem lieferte, ist unbekannt. Worüber Iris Scheidler aber tatsächlich Informationen hatte, war das geheimnisvolle Vermögen, das Kaltenbrunner, so wie einige andere Nazi-Größen, nach Altaussee gebracht hatte, um sich für die Zeit nach dem Krieg abzusichern. Ihr Mann Arthur soll ihr bei einem ihrer Besuche im Gefängnis etwas über den Verbleib von einem Teil des Kaltenbrunner-Goldes verraten haben. All das war Grund genug für den Nazi-Jäger Simon Wiesenthal, sich an ihre Fersen zu heften. In seinen Aufzeichnungen finden sich einige Beobachtungen und natürlich jede Menge Gerüchte über den auffallend großzügigen Lebensstil der inzwischen in Salzburg residierenden Wienerin. Den finanzierte sie angeblich durch den Verkauf von Brillanten und Gold unbekannter Herkunft. Dazu kamen natürlich einige weitere angebliche Liebesaffären. Unabhängig davon, wie viel Wahrheit tatsächlich in den Gerüchten über das Agentenleben der Iris Scheidler und ihre Kenntnisse vom geheimen Nazi-Gold im Ausseerland steckte, ausgesorgt hatte sie – ganz im Gegenteil zu Wilhelm Höttl – deswegen nicht. Als ältere Dame erzählte sie in Interviews über ihre Mühen, eine einigermaßen ausreichende Witwenpension zu bekommen.

Der Galgen in Nürnberg, ein Agentenleben in Salzburg: All das war an diesem Abend des 3. Mai in der Wohnung der Scheidlers noch Lichtjahre entfernt. Hier saß der Wasserer Raudaschl dem SS-General gegenüber und mit einem Mal wurde ihm klar, dass er gewonnen hatte. Jetzt mussten nur noch Nägel mit Köpfen gemacht werden – und dafür brauchte er Högler. Kaltenbrunner willigte ein und ließ den Bergrat holen. Der schilderte, was jetzt zu tun war, vor allem aber machte er deutlich, wie sehr Eigruber zur Sprengung entschlossen war. Scheidler solle eine Verbindung mit dem Gauleiter in Linz herstellen, befahl Kaltenbrunner. Sogar jetzt waren die Nazi-Hierarchien noch intakt, und es sollte eigentlich klar sein, wer hier im Alpenraum den Oberbefehl – und wer zu gehorchen hatte. Die Leitung ins Landhaus nach Linz stand, doch Eigruber war nicht da. Er hatte in diesen Stunden die Landeshauptstadt aufgegeben und war unterwegs ins Ausseerland zu seiner Familie. Kaltenbrunner aber war entschlossen, sich jetzt keine Blöße zu geben. „Machen Sie es einfach", sagte er zu Högler. „Ich werde Sie schon decken."

Högler rief seine Leute zusammen. Noch am selben Abend waren zwölf von ihnen oben am Stollen, bereit, die Kisten mit den Bomben herauszuholen. Es sollten mühselige Stunden werden, allein der Weg bis ins tiefgelegene Zirnfeldwerk und ins ebenso schwer erreichbare Franz-Josefs-Werk, dem zweiten Lagerplatz der Bomben, war weit. Mit Seilwinden, Flaschenzügen und endlosem Gezerre hatte man die 500 Kilo schweren Kisten schließlich dort, wo sie auf Hunte verladen und auf Schienen aus der Mine geführt werden konnten. Bergmeister Alfred Jud, der die Aktion leitete, schilderte die Plackerei dieser entscheidenden Stunden: „Wir fuhren mit der Lokomotive ins Franz-Josefs-Werk, luden dort die dahin verlagerten Bomben auf, fuhren mit diesen zur Kehre, ließen sie dort unter Bewachung stehen … Ich hatte mit einer geringeren Zeit als der tatsächlich verbrauchten für den Transport gerechnet, doch die Schwere der Bomben machte einen Transport auf Walzen notwendig und teilweise mussten sie wegen der unebenen Sohle sogar getragen werden."

Die Panzersoldaten vor der Tür konnten rasch überzeugt werden. Seit Tagen ohne Verpflegung und ohnehin kriegsmüde, wollten sie nur noch nach Hause. Nicht einmal für die Schätze, die da unten gelagert waren, interessierten die Soldaten sich, wie sich einer von ihnen, Hans Matlas, Jahrzehnte später erinnern sollte: „Das hat mich nicht interessiert, wir waren ja auch gar nicht befugt, hinunterzugehen." Matlas konnte in einem Interview, das er der Zeitschrift *profil* gab, auch mit 91 noch schildern, wie er die Rettung der Mine erlebte: „Wir haben dann sehr wohl mitgekriegt, dass die Bomben von den Salinenleuten aus dem Berg transportiert wurden und alles für die Zusprengung der Eingänge fertig gemacht wurde."

Selbst der Kommandant der Truppe, Feldwebel Filip, leistete keinen Widerstand mehr, er gab sich mit Höglers Erklärung, Kaltenbrunner persönlich habe den Befehl erteilt, zufrieden und gab den Stollen frei. Der Bergarbeiter Johann Egger erinnert sich: „Bei der Nacht hat eine Schicht die Bomben herausgeführt, um vier Uhr früh kommt die zweite und wir haben sie auf den Lastwagen geladen und wollten sie in den See hinunter." Noch aber war es nicht so weit. Ein Telefongespräch für Högler unterbrach in den Morgenstunden die Arbeit. Es war der Gauleiter. Kurz vor Altaussee hatte er Halt gemacht. Filip erstattete telefonisch Meldung über die Ereignisse am Berg und berichtete, auf wessen Befehl sich die Bergarbeiter berufen hatten. Eigruber verlor völlig die Nerven. Er werde die Sabotage stoppen, und er werde den Saboteur Kaltenbrunner dafür büßen lassen. Zwei Mann seiner Truppe schickte er im Eiltempo auf den Salzberg. Sie sollten sofort die Auslagerung der Bomben stoppen, für zwei weitere aber hatte er einen noch heikleren Auftrag …

Es war kurz vor Mitternacht, als es an der Tür der Scheidlers klopfte. Iris und ihr Mann waren noch auf. Sie waren lange mit Kaltenbrunner und der Gräfin zusammengesessen, auch Otto Skorzeny war dabei. Vermutlich hatten sie weniger über Raudaschls Besuch und die Ereignisse in der Mine gesprochen als über die Pläne für die kommenden Tage. Kaltenbrunner wusste, dass er verschwinden musste, zumindest für ein paar Tage, bis sich die Amerikaner mit ihm zusammensetzen würden. Doch die waren noch nicht hier, draußen vor der Tür standen vielmehr Soldaten aus dem persönlichen Begleitschutz des Gauleiters. „Es war ein netter Abend, um halb zwölf bumpert's an der Tür", erinnert sich Iris Scheidler: „Meine Mutter und mein Mann gehen raus, da stehen zwei Ordonnanzen von den Panzersoldaten. Sie sollen Kaltenbrunner verhaften." Doch da hatte sich der Gauleiter zu weit vorgewagt. Kaltenbrunner erschien persönlich, seine SS-Wachtruppe an der Seite. Der Zwei-Meter-Hühne in der SS-Generalsuniform brauchte sich nur in seiner ganzen furcht-erregenden Autorität zu zeigen, und die zwei Soldaten machten wortlos kehrt. Doch Eigruber sollte nicht so rasch aufgeben. Kurz nach Mitternacht läutete das Telefon. Es war Eigruber persönlich. Das Gespräch, das die beiden jetzt führten, war ein Zweikampf mit allen Mitteln. „Momentan bin ich der Chef des Sicherheits-büros, die Bomben bleiben draußen", hörte Iris Scheidler den SS-General brüllen. Das immer wieder unterbrochene Telefonat war eine einzige Abfolge von Drohungen und Beschimpfungen, wie auch das Telefonfräulein am Postamt in Altaussee später bestätigen konnte. Sie hatte das Gespräch verbunden und danach verbotenerweise mitgehört. Der Ausgang blieb ungewiss. „Der Eigruber hat nie eine Bewilligung gegeben", beteuerte später Iris Scheidler. Kaltenbrunner aber schickte einen Boten zu Högler: Eigruber habe nachgegeben. Er habe lediglich befohlen, die ausgelagerten Bomben nicht im See zu versenken, sondern sie einfach im Wald zu deponieren. Er brauche sie später noch als Panzersperre. Doch am Berg oben traf nicht nur Kaltenbrunners Befehl ein, sondern auch der Adjutant des Gauleiters, der fanati-sche Nationalsozialist Heider. Heider aber stieß nicht nur auf die Bergleute, sondern auch auf Feldwebel Filip. Der hatte ja den Abtransport erlaubt und war fest entschlossen, sich von dem völlig durchgedrehten Heider nicht stoppen zu lassen. Feldwebel Heider zögerte. Er hatte mit Filip und seinen Panzersoldaten erst vor kurzem unangenehme Bekanntschaft gemacht. Filip, der seine Leute in einer Villa in Altaussee einquartieren wollte, war dort auf Heider gestoßen, der sich mit großen Lebensmittel-vorräten eingebunkert hatte, von denen er den hungernden Kameraden nichts abgeben wollte. „Feldwebel Filip", schildert einer der Panzersoldaten die Szene Jahrzehnte später, „hat ihm die Pistole an die Brust gesetzt. Dann gab er klein bei." Das machte Heider zuletzt auch in dieser Nacht oben am Berg. Für eine Auseinandersetzung, noch dazu vor den bedrohlich rund um ihn versammelten Bergleuten, war er dann doch nicht fanatisch genug. „Der Gauleiter kommt morgen früh – und lässt euch alle aufhängen!", mit dieser Drohung machte er sich aus dem Staub.

Kaum war Heider verschwunden, trieb Bergmeister Danner seine Leute noch mehr zur Eile an. Die Sache musste erledigt, die Bomben weit weg vom Berg sicher deponiert werden, bevor Heider und seine Panzersoldaten in der Früh zurückkehren würden. Egger und seine Kollegen schafften es, die riesigen Fliegerbomben auf den Lastwagen zu hieven. Doch wohin damit? Danner wollte und konnte sich nicht entscheiden. Högler hatte den Befehl von Kaltenbrunner bekommen, Högler solle sagen, was zu tun sei. Im Morgengrauen rollte der LKW die steile Bergstraße nach Altaussee hinunter. Durch den Ort hindurch mit den Bomben zu fahren, war Egger und seinen Leuten zu heikel. „Wir hätten ja beim Eigruber beim Haus vorbei müssen, bei der Verwaltung", erzählt der Bergmann, was ihm an diesem Morgen des 4. Mai durch den Kopf ging. Also fuhren sie direkt zu Höglers Haus, das ein bisschen außerhalb lag. Der Bergrat hatte ohnehin die ganze Nacht kein Auge zugemacht und nur auf Nachrichten aus der Mine gewartet. Der LKW mit seiner explosiven Ladung war endlich da, aber noch war das Spiel nicht gewonnen. Högler schickte seine Leute ein Stück zurück den Berg hinauf. Dort sollten sie an einer uneinsehbaren Stelle alles abladen und die Kisten mit Reisig bedecken, damit sie so rasch keiner finden würde. Egger erfüllte den Auftrag: „Wir sind ein Stück in den Wald, haben die Bomben herunter gekippt und mit Reisig bedeckt."

Fürs Erste war alles erledigt, die Gefahr gebannt. Doch Högler und die Bergleute wussten von der Drohung des Panzersoldaten. Auch wenn die Amerikaner schon oben am Pötschenpass standen – hier in Altaussee hatten nach wie vor die SS-Einheiten das Sagen. Högler rief noch einmal Kaltenbrunner an, doch der dachte jetzt nur noch an seine Flucht und wollte kein weiteres Schreiduell mit Eigruber, der inzwischen in Altaussee eingetroffen war.

Dann meldete Högler sich bei Pöchmüller in Ischl und schilderte die aktuelle Lage. Wer nun den letzten entscheidenden Schritt setzte, werden wir wohl nie mit Sicherheit erfahren. War es der Direktor aus Ischl, entschied der Bergrat alleine oder waren es die Bergleute, die dafür ohnehin keine Anweisung mehr brauchten? Pöchmüller schrieb später in seinen Erinnerungen, er sei aus Ischl angereist, habe den Befehl zur Sprengung gegeben. „Gar nichts hat der Pöchmüller gemacht, der hat uns nicht unterstützt", meint dagegen einer der Bergleute, die beim Widerstand waren. Die Bergmeister hätten das angeordnet, will ein anderer Jahre später wissen. Auch von tagelangen Planungen und Vorbereitungen für die Sprengung, die der Direktor in seinem Buch schildert, will etwa der Wasserer Hermann König nichts mitbekommen haben: „In einer halben Stunde", schildert er den Einsatz der Sprengmeister an diesem Morgen, „waren's gebohrt, die Löcher."

Ein paar Stunden später, am späten Vormittag, drang tatsächlich das erste dumpfe Dröhnen aus dem Stollen. Die Sprengung der Zugänge hatte begonnen. Drei Stunden später war die Mine versiegelt, niemand konnte jetzt noch zu den Kunstschätzen vordringen. Die Arbeit der Bergleute war getan. Jetzt musste man nur noch auf die Amerikaner warten und hoffen, dass keine der herumirrenden SS-Einheiten im letzten Moment noch einen verrückten Befehl auszuführen hatte. Überall im Ort seien die unterwegs gewesen, die Maschinenpistole im Anschlag, erinnert sich König an diese letzten Stunden des NS-Terrors in Altaussee. Gauleiter Eigruber hatte jetzt in der Verwaltung Stellung bezogen, trank, was noch zu kriegen war, und verteilte noch einmal längst sinnlose Durchhalteparolen. Noch einmal rollten deutsche Panzer – es war die letzten der 6. Armee, die noch fahrtauglich waren – durch Altaussee in Richtung Pötschenpass. Panzerfeldwebel Heider sammelte seine Leute, um wie angedroht wieder hinauf zur Mine zu fahren. Er kam nicht weit. Die bewaffneten Bergarbeiter hatten das Bergwerk weiträumig abgeriegelt. Filip und seine Wachtruppe hatten ohnehin längst ihre Waffen abgelegt.

Gab es wirklich Schießereien, wie sich manche Augenzeugen erinnern wollen? Hinauf bis zum Knappenhaus sollte es auf jeden Fall kein deutscher Soldat mehr schaffen. Denn der Widerstand der Bergleute hatte an diesem Morgen Verstärkung bekommen – von einem Mann, der jetzt die Hauptrolle in diesem letzten Akt des Dramas übernehmen sollte: Albrecht Gaiswinkler.

Ein Lügner fällt vom Himmel

Nichts half mehr gegen diese Kälte. Fünf Stunden hatten sie jetzt schon im ungeheizten Bauch des riesigen Halifax-Bombers verbracht, der mit dröhnenden Motoren nordwärts flog. Sie waren kurz vor Mitternacht im frühsommerlichen Brindisi aufgebrochen und entlang der italienischen Küstenlinie geflogen. Pilot Billie Leckie zog die Maschine jetzt nach Nordwesten, in Richtung Alpen. Der Himmel war sternenklar und der kriegserfahrene Bomberpilot genoss den Blick auf die schneebedeckten Riesen. Ein Flug ohne Flakfeuer, ohne deutsches Jagdkommando, das war einmal etwas anderes. Doch was für eine Fracht er in der Nacht des 8. April 1945 mithatte, war für Leckie ein Rätsel. Nur vier Mann saßen diesmal hinten, und die Koordinaten, die er für den Absprung bekommen hatte, lagen auf seinen Karten mitten im Nirgendwo im Gebirge. „Zinkenkogel, Totes Gebirge" lautete der Auftrag. Was die vier dort vorhatten, hatte er noch nicht herausgefunden – eine Geheimoperation eben. Nur einmal war einer zu ihm nach vorne gekommen, dick in einen Wust aus Decken und eine seltsam nach Zivilist aussehende Jacke gehüllt, und hatte zitternd und mit einem komischen Akzent gefragt, wie lange es denn noch bis zum Absprung dauern würde. Um kurz vor vier war es so weit. Die Türen wurden aufgerissen, und während die vier Männer sich im eisigen Sturm, der jetzt durch den Laderaum brüllte, an ihre Leinen klammerten, fielen die ersten Container ins Dunkel. „Ich hab dem Gaiswinkler einen Stoß geben müssen, sonst wär der nie g'hupft", erinnert sich Josef Grafl noch als alter Mann an diese Nacht. Strahlend weiß lag die Schneefläche, auf die sie hinunterschwebten, im Mondlicht, und ein paar Minuten später steckten sie bis zum Bauch in den

Schneewechten: Albrecht Gaiswinkler, der Anführer des Kommandos, Josef Grafl, der Funker, sowie Karl Litzer und Karl Standartinger, vier Österreicher, die in dieser Nacht nach Monaten oder Jahren als Agenten des britischen Geheimdienstes heimkehrten. Sie sollten Kontakt zum österreichischen Widerstand aufnehmen und mit dessen Hilfe auskundschaften, was es mit der „Alpenfestung" eigentlich auf sich hatte. Die Vorstellung einer letzten deutschen militärischen Bastion in den Alpen irritierte die alliierte Führung. Gerüchte über zum Äußersten entschlossene, gut bewaffnete SS-Einheiten und „Werwolf-Kämpfer" ließen den Vormarsch trotz einer längst in sich zusammenbrechenden Wehrmacht am Weg ins Innere Österreichs stocken. Die engen Alpentäler waren schwieriges Gelände, in dem man nicht in einen Guerillakrieg verwickelt werden wollte. Dass an der Alpenfestung nichts dran war, ja, dass man sie im Ausseerland inzwischen grimmig in „Bonzenburg" umgetauft hatte, weil sich hier flüchtende Nazi-Größen versteckten anstatt ihrer kampfbereiten Einheiten, das hatte sich bis in die Kommandozentrale Eisenhowers noch nicht durchgesprochen.

Der mit Sicherheit verrückteste Auftrag, den man den vier Österreichern mitgegeben hatte, aber war die Verhaftung von Hitlers Propagandaminister Joseph Goebbels, der sich Ende März noch im Ausseerland in der Villa eines befreundeten Knopffabrikanten am Grundlsee aufgehalten hatte, vermutlich weil auch er mit dem Gedanken spielte, sich über die Berge abzusetzen.

So halsbrecherisch das Kommandounternehmen „Ebensberg" auch war, die Leute, die es durchführen sollten, waren dafür handverlesen. Es waren erfahrene Widerstandskämpfer, die der Krieg bereits quer durch Europa und über alle Fronten hinweg geführt hatte. Der Sozialdemokrat Gaiswinkler war schon gegen die Austrofaschisten 1934 in den Untergrund gegangen. 1938, als Österreich zur Ostmark geworden war, knüpfte er im Ausseerland ein erstes Netzwerk von Regimegegnern. Damals schon war der

Gendarmeriebeamte und Kommunist Valentin Tarra einer seiner engsten Vertrauten. Später, nach dem Krieg, sollten sie gemeinsam in Bad Aussee die Verwaltung übernehmen.

Die Gestapo wurde schließlich auf Gaiswinkler aufmerksam und der trat die Flucht nach vorne an: Er ging 1943 zur Luftwaffe nach Frankreich, nützte aber auch hier die erste Gelegenheit, um unterzutauchen. Mit einem bis zur Unkenntlichkeit verstümmelten deutschen Bombenopfer tauschte er Ausweise und damit Identität. So tauchte er ab und kontaktierte die Résistance. Bald aber wurde der britische Geheimdienst auf ihn aufmerksam. Es war 1944 und während die Alliierten in Frankreich nach der Invasion langsam vorwärtskamen, verstärkte man die Aufklärungsarbeit im Gebiet des Deutschen Reiches, also auch in Österreich. Es gab Dutzende Spionagemissionen mit Fallschirmjägern, und das bevorzugte Personal für diese Aufträge waren natürlich Einheimische im Exil. Gaiswinkler war also der perfekte Mann und wurde umgehend zum Training für das Special Operations Executive SOE nach Großbritannien gebracht.

Der Mann, der ihm im eiskalten Bauch des Halifax-Bombers gegenübergesessen war und sich jetzt ein paar Meter unter ihm aus dem Schnee kämpfte, hatte ebenfalls schon ein paar kühne Alleingänge hinter sich gebracht. Der Burgenländer Josef Grafl war eigentlich gelernter Maurer, hatte aber schon im Widerstand gegen die Austrofaschisten eine Ausbildung zum Funker absolviert, um Kontakte zwischen den verschiedenen sozialdemokratischen Widerstandsgruppen herzustellen. 1940 wurde er von der Wehrmacht einberufen und landete zu Beginn des Russlandfeldzugs in der Ukraine. Sein Job als Funker aber brachte ihm nicht nur den Vorteil, weit weg vom Morden an der Front zu sein, er verschaffte ihm auch die Möglichkeit zur Sabotage. Grafl wurde erwischt und entkam der Hinrichtung nur durch Flucht. Schließlich landete er in Bulgarien und schlug sich von dort über die Berge nach Griechenland durch, wo allerdings der griechische Widerstand den Österreicher erwischte, für einen Feind hielt und festnahm. Unfähig, mit den griechischen Bauern zu kommunizieren, schaffte es Grafl erst nach Wochen, sie von seinen Absichten und politischen Einstellungen zu überzeugen. Die britische Armee unterstützte den griechischen Widerstand mit Waffen und Ausrüstung und wurde bei der Gelegenheit auf den Österreicher aufmerksam. Bald war auch Grafl für das SOE rekrutiert und jetzt war auch er unterwegs nach Hause, nach Österreich.

Wo sie genau gelandet waren, fand Gaiswinkler dank seiner Ortskenntnisse und mit Hilfe der Karte ziemlich rasch heraus. Dort, wo sie eigentlich landen hätten sollen, waren sie jedenfalls nicht. Statt am Zinkenkogel waren sie auf einem Schneefeld unterhalb des Feuerkogels gelandet. Ihr Gepäck mit der Ausrüstung steckte im Umkreis von mindestens einem Kilometer irgendwo im Schnee. Maschinenpistolen, Handgranaten, ein schweres Maschinengewehr und natürlich Grafls Funkausrüstung, alles war in den Containern, die man nur noch in den tiefen Löchern im schweren Frühlingsschnee erahnen konnte. Grafl machte sich auf, um seine Funkgeräte zu suchen und auszugraben und wurde von Gaiswinkler sofort zurückgehalten. Es wäre verrückt, eine Dutzende Kilo schwere Funkstation durch den Schnee ins Tal zu schleppen! „Ich bin doch ein Flachländer, was versteh ich schon vom Gebirge", verteidigte sich Grafl. Gaiswinkler versammelte die Gruppe um sich und zeigte auf die schneefreie Kuppe über ihnen. Dort war im Mondlicht die Riederhütte zu sehen. Dort mussten sie hin, ausgestattet nur mit dem, was sie bei sich trugen, und vor allem in Zivil und unauffällig, schlug Gaiswinkler vor. Doch die Buchberger-Wirtin war eine überzeugte Nationalsozialistin, sie beherbergte gerne Parteigenossen und natürlich die Mannschaft der Flakstellung, die gleich neben der Hütte eingerichtet war. Die Widerstandsgruppe hatte ziemlich viel Glück gehabt, dass niemand mit einem einzelnen Flugzeug gerechnet hatte und in der Flakstellung kein Soldat auf dem Posten war. Es galt nun trotzdem, keine Zeit zu verlieren. Ein neuer Plan musste her, davon konnten die drei anderen Gaiswinkler schließlich überzeugen. Die Hütte anzusteuern, um einmal trocken zu werden und die nächsten Schritte zu planen, war viel zu riskant.

Die vier rafften zusammen, was sie finden, und vor allem, was sie tragen konnten, und machten sich auf den langen Weg ins Tal. „Um Wasser und Essen haben wir gebettelt, bei einem Bauernhof", erinnert sich Grafl an ihre ziemlich hoffnungslose Lage. Sie schafften es trotzdem nach unten, und kamen schließlich irgendwo bei Ebensee an die Straße. Ein paar Stunden später saßen sie mit ihren gefälschten Ausweisen und dem bisschen Gepäck, was ihnen geblieben war, in einem Zug nach Bad Aussee. Grafls Funkgerät war weg, Nachrichten von der Operation, die er so rasch wie möglich zur britischen Einsatzzentrale funken sollte, würden ausbleiben.

Ohne Kommunikationsmöglichkeiten und ohne Kontaktleute, die Botschaften übermitteln konnten, beschlossen Gaiswinkler und seine Mitkämpfer zunächst einmal abzutauchen und zu verschwinden. Das ist heute, mehr als sechzig Jahre später, noch der Grund, warum alle Berichte über die Operation „Ebensberg" von jetzt an widersprüchlich, verwirrend und vor allem oft haarsträubend zusammengedichtet sind. Gaiswinkler, der Anführer der Gruppe, sollte sofort nach Kriegsende die politische Macht im Ausseerland an sich reißen. Seine Version der Geschichte, die er 1947 als SPÖ-Nationalratsabgeordneter im Roman „Sprung in die Freiheit" veröffentlichte, ist später von Historikern, aber auch von Zeitzeugen, als Heldenepos voller teilweise dreister Lügen bezeichnet worden – aber davon später. Halten wir uns fürs Erste an die anderen Quellen für die folgenden Wochen: an die Berichte der Augenzeugen aus der Umgebung und natürlich die der anderen Beteiligten an der Mission. Die wahrscheinlich ehrlichsten Aussagen stammen von Josef Grafl. Anders als Gaiswinkler lebte er auch nach dem Krieg in bescheidenen Verhältnissen, von der Republik war er auf ihrer Suche nach Helden einfach übersehen worden. Noch im hohen Alter kam bei Grafl, wurde er befragt, die Wut über seinen etwas zu geschickten Mitkämpfer auf: „Betrüger" nannte er ihn dann und manchmal sogar „Nazi". Grafls Bericht über die Tage nach der Landung kommt der Wahrheit also wohl am nächsten. „Wir waren versteckt", erzählte er, „der Gaiswinkler war versteckt. Wir haben einfach nichts gemacht." Gaiswinkler war wohl tatsächlich bei seiner Familie untergekommen. Er saß zuerst ein paar Tage bei seinem Bruder Max in der Nähe von Bad Aussee und dann in dem winzigen Dörfchen Eselsbach bei seiner Mutter. „Der hat sich einfach gefürchtet, sein Versteck zu verlassen", erzählt eine der wahrscheinlich wichtigsten Zeuginnen aus diesen Tagen, die Widerstandskämpferin Edith Hauer-Frischmuth, die Tante der bekannten Schriftstellerin Barbara Frischmuth. Die Frau eines Arztes hatte schon in Wien während der ersten Kriegsjahre Juden versteckt und ihnen zur Flucht verholfen. Von der österreichischen Politik und Geschichtsschreibung weitgehend übersehen, sollte sie viele Jahre später von der Holocaust Gedenkstätte Yad Vashem in Jerusalem den Ehrentitel „Gerechte unter den Völkern" verliehen bekommen.

Sie kam 1944 zu Verwandten nach Altaussee, die dort das Seehotel führten. Für die Nazi-Eliten, die sich gegen Ende des Krieges immer zahlreicher ins Ausseerland absetzten, wurde das Hotel zu einem Treffpunkt. Hauer-Frischmuth sammelte nicht nur Bekanntschaften, sondern auch Informationen und trug sie zur Widerstandsbewegung weiter. Ihre Erinnerungen, aufgezeichnet vom jungen Altausseer Historiker Helmut Kalss, sind eine der verlässlichsten Quellen über diese Apriltage – und in diesen Erinnerungen taucht natürlich auch Gaiswinkler auf. Dass er sich bei seiner Mutter versteckt gehalten hatte, wusste auch Edith Hauer. Über einen befreundeten Einheimischen wurde ein erster Kontakt geknüpft. In der Küche des Mittelsmannes trafen die beiden erstmals aufeinander. Hauer-Frischmuth erinnert sich: „Gaiswinkler sagte, dass sie keine Funkgeräte mehr hätten, um mit den Engländern Verbindung aufzunehmen. Außerdem wurde die Beschaffung von Uniformen, Gestapostempeln, Formularen und Waffen beschlossen."

Die junge Frau schaffte es tatsächlich, ein Funkgerät zu besorgen. Sie nützte ihre Kontakte aus dem Seehotel, in dem ja die Stimmung inzwischen auch merklich gekippt war. „Die haben gefühlt, dass das Ende nah war. Viele waren plötzlich bereit Auskunft zu geben oder boten sogar großzügig ihre Mitarbeit an. Sie suchten Absprungsmöglichkeiten, um das sinkende Schiff verlassen zu können."

Einer von denen, die ihre Absprungsmöglichkeit schon erkannt hatten, war Wilhelm Höttl. Er hatte mit dem amerikanischen Geheimdienst in der Schweiz bereits Kontakt aufgenommen – und er war auch bereit, Edith Hauer bei ihrer Suche nach einem Funkgerät zu unterstützen. Er verschaffte ihr das Gerät, das sie an Gaiswinkler weitergab. Der konnte somit erstmals wieder Kontakt zu den Engländern aufnehmen.

Doch Gaiswinkler und seine Mitkämpfer knüpften allmählich auch andere Kontakte. Immerhin gab es im Ausseerland schon seit 1943 ein Netz von Regimegegnern. Die Köpfe dieser Bewegung waren der Kommunist und Veteran des Spanischen Bürgerkriegs Josef (Sepp) Plieseis und Gaiswinklers alter Bekannter Valentin Tarra. Zweifelhaft, ob die beiden tatsächlich etwas wie einen Widerstand – nach dem Krieg sollten sie sich sogar „Freiheitskämpfer" nennen – organisieren konnten. Von Partisanen und bewaffneten Kampfgruppen in den Wäldern, wie es sich einige sehr spät berufene Freiheitskämpfer nachträglich zusammenreimten, war bestenfalls in den letzten Kriegstagen etwas zu bemerken. Die Gruppe rund um Plieseis war vor allem ein Auffanglager für Menschen, die vor dem Terror des Regimes flüchten mussten: politische Gegner, Deserteure oder Menschen, die aus einem anderen Grund untertauchen mussten. Plieseis und seine Gruppe „Willy" verschafften ihnen diese Möglichkeit, teils bei vertrauenswürdigen Bauern, in Pfarrhäusern oder oben im Toten Gebirge. Der „Igel", das Lager der Gruppe auf einer Alm im Toten Gebirge, wurde zur Heimat für Dutzende Menschen, die sich teilweise vom Wildern ernährten oder aber vom Tal aus versorgt wurden. Und selbst aus Plieseis eigenen Erinnerungen wird deutlich, dass die Menschen in ihren Verstecken vor allem ein Ziel hatten: die NS-Zeit zu überleben. „Dass wir durchgekommen sind, dass wir immer wieder alle Gefahren überstanden haben, verdanken wir der Bevölkerung … in der ganzen Umgebung wusste man von uns und half uns."

Es war vor allem ein Netzwerk von Frauen, die diese Hilfe organisierten. Über Waschplätze in Altaussee wurden Nachrichten übermittelt, verborgen in Wäschekörben. Brot, Mehl, Zucker, alles Mangelware oben im Toten Gebirge, wo sich die Männer tagelang nur von Fleisch ernähren konnten, wurden von den Frauen in die Berge geliefert. Sie konnten sich leichter bewegen, ohne Verdacht zu erwecken. Große Aktionen, das gibt auch Plieseis später zu, brachte man nicht zustande. Viel wurde geplant und auch wieder verworfen, Sabotage, Sprengungen, Attentate: Von all dem sollte nicht viel mehr bleiben als unaufhörliche Streitereien und interne Konflikte zwischen den Widerstandsgruppen.

In diesen letzten Apriltagen aber, als Gaiswinkler Kontakt zu seinem alten Freund Tarra und dann zu Plieseis aufnahm, trauten sich die Widerständler allmählich aus ihren Verstecken hervor. Man traf sich zu Besprechungen in Gasthäusern und auch in Pfarrhöfen. In Ischl etwa versammelten sich die Regimegegner beim Vikar einer Pfarre. Treffen waren das eine, bewaffneter Widerstand auf der Straße das andere. Noch waren SS-Einheiten überall in der Gegend unterwegs, eine davon unter dem Befehl des Draufgängers und überzeugten Nationalsozialisten Otto Skorzeny. Die 6. Armee war zwar zersplittert und eigentlich nur noch eine Masse von hohlwangigen kriegsmüden Wehrmachtssoldaten, aber Fabiunke versuchte immer wieder, eine kampffähige Truppe zusammenzustellen, um den heranrückenden Amerikanern entgegenzutreten. Berichte über Kämpfe, bei denen der Widerstand von den Deutschen Panzer erbeutet haben soll, oder die Gefangennahme von Gestapo-Offizieren, die man mit Morddrohungen angeblich dazu brachte, Waffen an die Aufständischen zu liefern, sind wahrscheinlich eher tollkühne Fantasien, wie sie in den ersten Nachkriegsmonaten gerade im Ausseerland überall auftauchten. Auch Gendarmerie und Polizei sollen nach einigen Berichten schon drei Wochen vor Kriegsende auf das neue Österreich vereidigt worden sein. Wenig wahrscheinlich in einem Ort, in dem ein Gauleiter Eigruber noch Anfang Mai Panzersoldaten zum Salzbergwerk schicken konnte.

Sicher aber waren die Gendarmerieposten längst in Kontakt mit den Aufständischen. Nur so konnte es schließlich gelingen, dass die Amerikaner, ohne einen Schuss abzugeben, in Altaussee einrollten und die Kontrolle der öffentlichen Ordnung in den Ortschaften sofort von Plieseis, Gaiswinkler oder Tarra übernommen wurde.

Eine dramatische Aktion aber glückte der Gruppe rund um Plieseis, der sich ja auch Gaiswinkler inzwischen angeschlossen hatte, noch vor Kriegsende – und diese Aktion sollte den letzten Kampfgeist der deutschen Soldaten brechen. Nach dem Fall Wiens war der dortige Radiosender, er stand auf dem Bisamberg, von der SS gesprengt worden. Die technische Ausrüstung wurde nach Bad Aussee geschafft und dort neu installiert. Von hier aus sendete Gauleiter Eigruber seine letzten Durchhalteparolen. Am 2. Mai aber, also einen Tag, bevor am Salzberg die Kunstschätze gerettet wurden, gelang es der Gruppe rund um Gaiswinkler und Tarra, den Sender zu besetzen. Ob die Aktion tatsächlich ein tollkühner Überraschungsangriff war, wie ihn Gaiswinkler später schildern sollte, oder die Anlage einfach kampflos übergeben wurde, bleibt ungeklärt. Das Erste jedenfalls, was die neue Mannschaft auf der alten Welle in die Welt setzte, waren Falschmeldungen. Am dramatischsten war jene, dass sich eine Kampfeinheit von slowenischen Tito-Partisanen von Süden her auf das Ausseerland zubewegen würde, Fallschirmjäger, die in der Gegend abgesprungen wären, seien bereit, den Kampf gegen die letzten deutschen Truppen aufzunehmen. Skorzenys SS-Einheiten, bis zuletzt zu einem Gegenangriff auf Altaussee entschlossen, sollen sich daraufhin in die Berge verabschiedet haben. Dort aber sollten sie nicht lange bleiben, schon ein paar Tage später stiegen sie bei Bad Mitterndorf ins Tal und lieferten sich kampflos den Amerikanern aus.

Der Sender in Bad Aussee schickte schon bald keine Falschmeldungen mehr aus, sondern wechselte einige Tage vor der
deutschen Kapitulation endgültig offiziell die Seiten. Unter dem
Titel „Österreichischer Freiheitssender Ausseerland" wurde die
erste Sendung ausgestrahlt, samt Erzherzog-Johann-Jodler. Von
da an wurden wichtige Botschaften, wie etwa über die Verteilung
von Lebensmitteln, über den Sender verbreitet.

Die letzten deutschen Einheiten im Ausseerland kollabierten
im Eiltempo. Die reguläre Wehrmacht ergab sich kampflos, die
SS-Einheiten flohen Hals über Kopf, auf den Straßen lag ihre
Ausrüstung wie Sperrmüll: Maschinengewehre, Kübelwagen
ohne Sprit, Granaten …

Die örtlichen Nazi-Größen waren schutzlos und die Widerständler fielen ohne Gnade über sie her: Bergmeister Rupert
Kain, der fanatische Nazi, der bis zuletzt für die Zerstörung der
Mine eingetreten war, wurde von Gaiswinklers Leuten auf der
Straße nach Bad Aussee auf seinem Motorrad gestoppt, zusam-
mengeschlagen und gefangen genommen. Die NS-Ortsgruppen-
leiter in Bad Ischl, beide Nazi-Fanatiker, die bis zuletzt versucht
hatten, Werwolf-Einheiten gegen die Amerikaner aufzustellen,
wurden von Plieseis persönlich in ihren Wohnungen aufgesucht
und mit Schüssen in den Kopf hingerichtet.

Plieseis begann sofort, in Bad Ischl eine erste Verwaltung
aufzubauen. Seine bewaffneten Kämpfer sorgten für Ordnung
auf den Straßen, nahmen Plünderer fest, sorgten für erste
Lebensmittelverteilungen.

Gaiswinkler dagegen hatte andere Pläne. Die Amerikaner
standen immer noch hinter dem Pötschenpass, zögerten bis
zuletzt, ins Ausseerland vorzustoßen. Eine US-Infanteriedivision
stand im oberösterreichischen Schwanenstadt, als sie eine
Nachricht erreichte. In den Aufzeichnungen des US-Militärgeheimdienstes wird als Verfasser der Funkmeldung nur „ein deutscher Offizier" genannt. Die Botschaft schilderte als Erstes die
Auflösung der deutschen Einheiten hinter dem Pötschenpass,
viel wichtiger aber war ihr zweiter Teil: Zum ersten Mal erhielten

US-Offiziere eine schriftliche Bestätigung all der Gerüchte, die seit Wochen die Truppe erreicht hatten. Im Salzbergwerk von Altaussee lagerte ein Schatz: Bilder von Rembrandt, Brueghel, Goya, Hitlers Privatsammlung und seine Bibliothek. Auch von den ungarischen Kronjuwelen war die Rede, die aber wurden in Wahrheit erst ein paar Wochen später entdeckt, in einem bayerischen Dorf lagen sie in einem Ölfass versteckt.

Major Ralph Pearson, der leitende US-Offizier in Schwanenstadt, wusste, dass keine Zeit mehr zu verlieren war. Nicht nur war kein Widerstand mehr von den SS-Einheiten zu befürchten, die man sich dank des letzten Aufgebots deutscher Propaganda zusammenfantasiert hatte, es waren auch einige der größten Kunstschätze Europas in Gefahr. Pearson hatte reichlich bürgerliche Bildung und außerdem hatte er beim Vormarsch durch Deutschland erleben müssen, wie rasch einige von den Nazis angelegte Kunstdepots von Plünderern entdeckt und leergestohlen worden waren. Außerdem hatten auch ihn die Gerüchte erreicht, dass sich flüchtende Nazi-Größen quasi als „Fluchthilfe" mit Kunstwerken aus den Verstecken, die überall zum Schutz vor den alliierten Bomben angelegt worden waren, eindeckten. Von Baldur von Schirachs schäbig zusammengereimtem Plan zur „Rettung von Kunstschätzen" war bereits die Rede.

Hermann Göring hatte seinen persönlichen Kunstzug, vollgepackt mit seiner skrupellos in ganz Europa zusammengeraubten Privatsammlung, aus Berlin nach Süden in Bewegung gesetzt. Als der auch nicht mehr weiterkam, ließ er die fünf wertvollsten Stücke in ein Auto verladen. Sie tauchten erst Jahre nach dem Krieg und nach Görings Tod in der Schweiz auf.

Pearson verlor also keine Zeit. Zwei Jeeps und ein LKW mit einem Dutzend der verlässlichsten Infanteristen aus seiner Truppe setzten sich in Bewegung. Ganz wohl sei ihnen trotzdem nicht zumute gewesen, sollte sich der Offizier Jahre später in seinen Memoiren „Enroute to the redoubt" erinnern. Waren doch noch zersplitterte, aber kampfbereite SS-Truppen unterwegs? Wer bewachte die Mine? Als sie die letzten Serpentinen hinauf zum Pötschenpass erreicht hatten, war rasch klar, dass nicht mehr allzu viel Widerstand zu erwarten war. US-Bomben hatten vor wenigen Tagen die SS-Stellungen in eine Kraterlandschaft verwandelt, in den Bombentrichtern lag ein Wirrwarr aus Toten, schweren Waffen und verbogenen Panzersperren. Pearson ließ seine Leute ausschwärmen, um die Gegend abzusichern. Als sie sich zurückmeldeten, waren sie in Begleitung: Sie brachten eine kleine Truppe mit, vielleicht ein Dutzend Männer in Zivilkleidung, ausgestattet mit Waffen aller Art. Der Anführer sprach fließend Englisch, auch wenn Pearson mit seinem komischen Akzent nichts anzufangen wusste.

Es war Albrecht Gaiswinkler, er hatte erfahren, dass die Amerikaner anrückten – ob von dem bis heute namenlosen deutschen Offizier, der auch Pearson informiert hatte, oder von Plieseis' Leuten draußen in Bad Ischl, darüber gibt es bis heute keine verlässlichen Informationen, auch weil Gaiswinkler später selbst von seinem Empfangskomitee oben am Pass nichts mehr wissen wollte. Von jetzt an jedenfalls war „George" (so Gaiswinklers Deckname) der Mann der Amerikaner – und er sollte diese Position bestens nützen. „Unser erster Kontakt war ein Albrecht Gaiswinkler", schrieb ein US-Geheimdienstoffizier in seinem Bericht, „und dank seines effektiven Netzwerks und seiner Hilfe vor Ort konnten wir die Spur der Nazi-Verbrecher aufnehmen." In jedem US-Militärbericht aus diesen Tagen findet sich Lob für den „verlässlichen Kontaktmann Gaiswinkler, für die „wertvolle Hilfe", die er leistete. Was kümmerte die Amerikaner schon, dass viele Einheimische anderer Meinung über die Rolle des Freiheitskämpfers waren, dass bei Befragungen und Interviews Sätze fielen wie „der Gaiswinkler ist erst auftaucht, als die Amerikaner schon übern Pötschenpass drüber waren" oder „der hat sich doch nur in ein gemachtes Bett gelegt".

Jedenfalls führte Gaiswinkler die Amerikaner auf die Spur Kaltenbrunners, er verriet ihnen, wo die Nazi-Größen und ihre Familien in Altaussee untergekommen waren. Als Pearsons

Trupp Altaussee erreichte, wurden sie nicht von SSlern, sondern von Zivilisten erwartet. Die deutschen Truppen, die entlang der Straße lagerten, waren froh, sich ergeben zu können.

Und Gaiswinkler setzte auch einen entscheidenden Schritt, was die Rettung der Kunstschätze und die spätere Geschichtsschreibung darüber betraf: Er führte die erste US-Truppe auf den Salzberg. Dort stellte er ihnen einen Mann vor, der ebenfalls fließend Englisch sprach und Pearson und seinen Leuten umgehend die Lage in der Mine schilderte: Hermann Michel. Der Mineraloge war bestens vorbereitet. Er schilderte die Schätze, die in den Stollen lagerten, er sprach über die Einlagerung und die Sprengungen, mit denen alles vor dem Zugriff Eigrubers gerettet worden war, und er ließ vor allem keinen Zweifel daran, dass er selbst, ohnehin dem Widerstand seit Jahren eng verbunden, all das quasi im Alleingang ermöglicht hatte. Seinen NSDAP-Mitgliedsausweis hatte Michel längst mit einem jetzt viel wertvolleren Dokument vertauscht, einem Ausweis der Widerstandsbewegung, vorsorglich auf das Jahr 1944 vordatiert: Gaiswinkler wusste schließlich genau, was er für seinen jetzt wichtigsten Verbündeten zu tun hatte.

Michel nannte auch Zahlen, sprach von Hunderten Millionen, die unten in den Stollen lagern würden, er gab den Amerikanern erstmals eine Vorstellung, was sie da vor sich hatten. Die Erwähnung von Hitlers Privatbibliothek und seiner privaten Korrespondenz ließ die Neugier weiter steigen. Pearson bestand darauf, sich gleich hinunterführen zu lassen – und Michel, der das Bergwerk bestens kannte, brachte ihn zu den Schuttmauern, die ein paar hundert Meter weiter im Berg den Weg versperrten. Doch der Amerikaner wollte mehr: Unterlagen, Inventarlisten. Michel versprach sie ihm. Doch die, das wusste der Opportunist, hatten andere, die er rasch mundtot machen musste. Den Namen Högler brauchte er nur zu nennen, der Rest erledigte sich wie von selbst. Pearson, dem ein paar der wichtigsten Nazi-Größen in die Berge entkommen waren, wollte Handschellen klicken hören. Der Bergrat wurde noch am selben Tag aus seiner Wohnung geholt und verhaftet. Der US-Offizier wollte Ergebnisse sehen, also verließ er sich auf den Mann, der sie ihm anscheinend rasch in fließendem Englisch liefern konnte. Er erteilte dem Wiener Mineralogen die Vollmacht, über alle Aktionen rund um die Rettung der Kunstschätze zu entscheiden – eine Vollmacht, die dieser bestens auszunützen wusste. Am Abend, als die Amerikaner nach Altaussee abgefahren waren, machte Michel zwei Telefonate. Er meldete sich bei den Restauratoren Seiberl und Sieber in Altaussee, bei jenen Experten also, die die kostbarsten Kunstwerke in aller Eile in tiefere Werke geschleppt hatten, um sie zu retten, und die genau wussten, welche Bilder wo lagerten. Michel machte den beiden, die ohnehin eingeschüchtert in ihren Zimmern saßen, klar, dass er jetzt das Sagen am Salzberg hatte und dass ihre einzige Chance darin bestand, mit ihm zu kooperieren. Er wolle die Unterlagen über alles, was die beiden dokumentiert hatten: die monatelange Bergung, die Restaurierungen, die letzten hektischen Abtransporte in umliegende Gasthäuser und Pfarren. „Er befahl mir ziemlich barsch, alle Akten zu übergeben", erinnerte sich Seiberl später. „Er erklärte mir, dass die Amerikaner ihn mit der weiteren Betreuung ausschließlich und alleine betraut hatten und mit mir nichts zu tun haben wollten." Nichts zu tun haben wollten? Den Amerikanern war Seiberl wohl ziemlich egal, sie wussten nicht einmal von seiner Existenz. Doch Michel leistete auch als Denunziant ganze Arbeit. Seiberl wurde von den Amerikanern umgehend gekündigt, verlor seine Wohnung und landete mit seiner sechsköpfigen Familie im Hinterzimmer eines Gasthauses in Altaussee. Michel erschien inzwischen unangemeldet in Seiberls ehemaligem Büro und ließ sich von der eingeschüchterten Sekretärin alle noch vorhandenen Akten aushändigen.

Ein paar Tage später reiste Seiberl ab, er sollte sich über Jahre als Postkartenmaler durchschlagen. Karl Sieber hatte etwas mehr Glück. Die Geschichte, dass der Berliner nur wegen des Ratschlags eines jüdischen Freundes in die NSDAP eingetreten war, beeindruckte die Amerikaner. Sieber gab den Amerikanern wertvolle

Informationen über die Sprengungen und schaffte es schließlich, dass man ihn nach Hause nach Berlin fahren ließ. Mit dem Salzberg, an dem jetzt Hermann Michel alleine das Sagen hatte, wollte er ohnehin nichts mehr zu tun haben.

Den letzten lästigen Mitwisser, Direktor Emmerich Pöchmüller, überließ Michel seinem Verbündeten Gaiswinkler, der ganz andere Methoden hatte, um Menschen zum Schweigen zu bringen. Pöchmüller, der inzwischen mehrfach versucht hatte, nach Altaussee zu kommen, um mit den Amerikanern zu reden, bekamen diese erst zu sehen, als man ihn blutüberströmt und mit eingeschlagenen Zähnen in Ischl zum Verhör brachte. Gaiswinkler hatte ein paar seiner Leute geschickt, um den Direktor aus seiner Wohnung zu holen, und diese Leute fragten bei hochrangigen NSDAP-Figuren nicht lange, was zu tun sei. Pöchmüller kam ins Internierungslager nach Glasenbach. Als er Jahre später freikam, war er ein gebrochener Mann. Bis zu seinem frühen Tod im Jahr 1963 sollte er wie besessen versuchen, seine Geschichte von der Rettung der Kunstschätze in der Öffentlichkeit und vor Gericht durchzusetzen. Er schrieb ein Buch, führte Prozesse, sammelte eidesstattliche Erklärungen – und kam bis zuletzt nicht gegen die übermächtige Legende von Gaiswinkler und Michel an.

Der Mineraloge hatte in diesen entscheidenden Maitagen bald alles, was er brauchte, um seinen Plan durchzuziehen: Er sollte als der alleinige Retter der Kunstschätze im Salzberg in die Geschichte eingehen. Von jetzt an musste er die Kontrolle über die Aktion behalten, immer einen Schritt voraus sein. Täglich bekamen die Amerikaner von ihm neue Fakten über die Kunstschätze geliefert, nicht nur in Altaussee, sondern auch in der Saline Ischl und in anderen Verstecken quer durch Österreich. Mit Seiberls Plänen in der Hand drang er mit den Amerikanern ein paar Tage später in die noch zugänglichen Stollen vor. Als Pearson und seine Leute dort tatsächlich die ersten Rembrandts in Händen hielten, kochte die Begeisterung über. Bald waren die ersten US-Reporter in Altaussee und Hermann Michels Bild in den amerikanischen Zeitungen: der Retter von Altaussee. Jetzt rückten auch die Kunstexperten an. Die „Monuments Men" waren jene Spezialeinheit der US-Armee, die überall im zerstörten Deutschland die Kunstdepots der Nazis aufspürten und sicherten. Sie hatten Tausende von Goldbarren und Werke von Dürer und Goya aus einer Mine bei Merkers unweit von Erfurt geholt, Rembrandt, Van Gogh und Gauguin aus einem Bergwerk in der Nähe von Aachen. Und jetzt, am 13. Mai, tauchten sie endlich im Ausseerland auf, um den größten Kunstschatz der Nazis zu heben. Und wieder war Michel zur Stelle, inzwischen hatte er sich weitere Unterlagen besorgt, indem er im Büro des Bergungsleiters die Kästen aufbrach. Auch die Monuments Men vertrauten ihm, insbesondere, als er ihnen eine Liste präsentierte, auf der zum ersten Mal verzeichnet war, wie viele Kunstwerke sich im Berg befanden. Es war die Liste, die Seiberl und Sieber einst in aller Eile zusammengestellt hatten.

„6577 Gemälde", stand da, kursorisch wie auf einem Kassazettel, dazu 954 Grafiken, 1200 bis 1700 Bücherkisten und Pakete (geschätzt) und dazu noch Posten wie: „79 Körbe mit Kunstgewerbe oder 484 Kisten verschiedenen Inhalts". Außerdem, so hatte Sieber vermerkt, sei eine ganze Menge nicht schriftlich festgehalten worden. Auch das Privateigentum Hitlers befinde sich im Berg. Die Weltöffentlichkeit wurde plötzlich auf Altaussee aufmerksam, überall tauchten Berichte auf, welche Kunstwerke die Nazis noch in letzter Minute in die Mine geschafft hatten: den Genter Altar, die Brügger Madonna Michelangelos … Captain Robert Posey, der Leiter der Monuments Men, hatte es jetzt eilig. Die Stollen wurden freigelegt, und am 17. Mai drangen die Amerikaner durch einen winzigen Nebeneingang ganz oben am Berg in die Stollen ein: Sie sahen vom Luftdruck der Explosionen zerfetzte Türen, zerschlissene Kabel und überall den Staub, der sich nach den Sprengungen abgesetzt hatte. Unter der Staubschicht aber waren die Kunstwerke, unversehrt. Die Rettung war geglückt.

Bald rollten die ersten US-Militär-LKWs auf den Salzberg. Mehr als hundert sollten es in den kommenden Wochen sein, und jeweils beladen mit bis zu fünfzig Bildern fuhren sie nach München. Dort, im ehemaligen Verwaltungsbau der NSDAP und im sogenannten Führerbau, hatte die US-Militärverwaltung den zentralen Sammelpunkt für alle Kunstschätze aus den Depots des NS-Regimes eingerichtet. Von dort kehrten die meisten in ihre Heimat zurück. Viele Gegenstände aber hatten zunächst keine Besitzer mehr, diese waren vor den Nazis geflüchtet oder im Konzentrationslager ermordet worden. Bilder von unschätzbarem Wert hatten in den Tagen der „Arisierung" oft für einen lächerlichen Betrag ihren Besitzer gewechselt. Die Rückgabe der Nazi-Raubkunst, die Restitution Hunderter Kunstgegenstände sollte noch Jahrzehnte später Kommissionen und Gerichte beschäftigen. Bis heute haben viele Gegenstände aus der Altausseer Mine ihren rechtmäßigen Besitzer nicht gefunden.

Michel sollte all das nicht mehr kümmern, sein Lügengebäude hatte gehalten, solange es notwendig war. Er war rehabilitiert, ein Ehrenmann, der an die Spitze der Gesellschaft zurückkehren sollte. Der Direktorensessel im Wiener Naturhistorischen Museum wartete auf ihn.

Gaiswinkler waren die Kunstschätze schon egal gewesen, als sein Verbündeter noch oben am Salzberg seinen großen Auftritt hatte. Er hatte seinen Dienst für die Amerikaner geleistet und holte sich jetzt seinen Lohn dafür ab: Die Amerikaner machten ihn zum Regierungskommissar und bald zum Bezirkshauptmann von Bad Aussee. Von jetzt an hatte er allein das Sagen, war nur den Amerikanern verantwortlich – und die wollten nicht so genau wissen, was ihr Held mit seiner neuen Macht alles anstellte. Er ließ sich im Auto durch den Ort chauffieren, stellte oft willkürlich Haftbefehle für Menschen aus, weil sie ihm im Weg waren, und sorgte dafür, dass jeder von ihm und seinem Wohlwollen abhängig war.

Bei den ersten Hilfslieferungen, die in Aussee eintrafen, so erinnern sich Einheimische, habe sich der Herr Kommissar gleich persönlich bedient: „Der hat Sachen gemacht, die wir uns nie getraut hätten." Einer seiner Chauffeure erzählte noch als alter Mann davon, „wie viel der Gaiswinkler gestohlen hat".

Der Herr Kommissar hatte nicht nur auf einmal amerikanische Zigaretten im Überfluss, er hatte bald auch mehrere teure Autos, ein Haus und eine Hütte am Toplitzsee.

Immer mehr Gerüchte über Schätze – Gold, Juwelen, Dollarnoten –, die die Nazis in den letzten Kriegstagen in Aussee versteckt haben sollten, tauchten auf – und auffällig viele führten zu Gaiswinkler. Hatte er sich inzwischen mit NS-Raubgut eingedeckt? Die Amerikaner wurden hellhörig, der Held wurde in Berichten immer öfter zur „zwielichtigen Figur". Als sie ihn schließlich absetzten, soll Gaiswinkler noch rasch angeordnet haben, eine paar ominöse Kisten im Toplitzsee zu versenken. Bad Aussee und der Salzberg waren für ihn ohnehin abgehakt. Er ging nach Wien, als Nationalratsabgeordneter der SPÖ.

Nach ein paar Wochen hatten alle großen Kunstwerke den Salzberg verlassen. Nur ein wichtiges Stück blieb vorerst unauffindbar: ein Flügel des Genter Altars. Es sollte Herbst werden, und im Salzbergwerk lief der Normalbetrieb allmählich wieder an. Nur vereinzelt verirrte sich noch einer der Kunstexperten unter die Bergleute, verschwand in den tieferen, noch immer mit Kunstwerken belegten Stollen und tauchte, so erzählt man es sich bis heute in Altaussee, an einem Herbsttag pünktlich zur Mittagspause im Jausenraum der Arbeiter auf. Irritiert folgten die Bergleute seiner Bitte, doch ihren Tisch, auf dem sie gerade die Jause aufgebreitet hatten, freizuräumen. Sie drehten den Tisch, auf dem sie schon in den letzten Kriegsmonaten ihren Speck geschnitten hatten, um. Es war das letzte Stück von van Eycks Altar.

Nachwehen

„Ich habe endgültig genug von all diesen Heuchlern", schrieb ein inzwischen völlig entnervter George Stout in seinen Bericht für das Militärkommando. Es war Juni 1945 und der Offizier der alliierten Kunstschützer-Truppe, der Monuments Men, hatte die letzten Wochen in Altaussee damit verbracht, Verhöre zu führen: Minenarbeiter, Kriegsgefangene aus der deutschen Wehrmacht, die Führungsmannschaft des Salzbergwerks und natürlich Widerstandskämpfer. Und von denen gab es jetzt, vier Wochen nach Kriegsende, mehr als je zuvor im Salzkammergut. Jeder wollte dabei gewesen sein, beim Kampf im Untergrund gegen die NS-Diktatur, aber natürlich auch bei der Rettung der Kunstschätze. Und jeder erzählte seine Geschichte so, dass sie mit der seines Vorgängers einfach nicht zusammenpasste. „Eitle, kriechende Kröten", nannte sie der US-Kunstexperte, „die jetzt versuchen, sich mit allen Mitteln in irgendeine vorteilhafte Position zu bringen, die auf nichts anderes aus sind als auf egoistischen Profit und Ruhm, den sie aus all diesem Leiden schlagen wollen."

Das Chaos der letzten Kriegstage, die sich überschlagenden Ereignisse rund um die Rettung der Kunstschätze von Altaussee, das alles wurde jetzt zum Nährboden für ein Dickicht an Übertreibungen, verzweifelten Rechtfertigungen und faustdicken Lügen. Die Köpfe der NS-Diktatur waren inzwischen verhaftet, tot oder über die Berge entkommen. Jetzt witterten die Mitläufer, die sich in sieben Jahren Diktatur gut eingerichtet hatten, ihre Chance, schnell auf die Seite der Sieger zu wechseln. Jetzt waren Helden gefragt, denn das neue Österreich musste sich seine Rolle als Opfer des Nationalsozialismus zurechtlegen. Wer also eine Geschichte zu bieten hatte, die gut in dieses Schema passte, konnte sie und damit sich gut verkaufen. Die Alliierten dagegen wollten keine Helden, sie brauchten einfach Leute, die das Geschick und die Autorität besaßen, ihnen zu helfen, Ordnung zu schaffen. Wenn einer dafür geeignet schien, schaute man über vieles bereitwillig hinweg und ließ sich die Geschichten, mit denen sich derjenige eine weiße Weste verschaffte, auftischen, ohne allzu viel nachzufragen. Als Leuten wie Stout ein paar Wochen später all die Märchen und Lügen langsam übel aufstießen, war es bereits zu spät. Und die „zwielichtigen Figuren", wie einer der Monuments Men voll Abscheu den Mineralogen Hermann Michel nannte, hatten sich schon erfolgreich in die für sie günstigste Position gehievt. Die Aufmerksamkeit der internationalen Presse, die für ein paar Tage die Story von der Rettung der Kunstschätze in die Welt hinausposaunt hatte, hatte sich längst verflüchtigt. Es gab andere, dramatischere Geschichten zu erzählen, von der Atombombe, vom ausbrechenden Kalten Krieg. In Altaussee und dem Salzkammergut kehrte allmählich wieder die weltabgewandte Stille aus den Tagen vor dem Krieg ein – und diese Stille deckte Tatsachen und Lügen, Geschichte und Geschichten zu. „So viele Zeugen hatten so viele Geschichten erzählt", erinnerte sich einer der Monuments Men nach seiner Heimkehr, „dass es schien, je mehr Information wir gesammelt hatten, desto weniger Wahrheit enthielt sie."

Es sind tatsächlich Unmengen an Information, die es über die Ereignisse von Altaussee zu entdecken gilt: in Berichten der Alliierten, in Polizeiprotokollen, in eiligst veröffentlichten Autobiografien einzelner Akteure, in Tagebüchern, manche nachträglich ordentlich zurechtgerückt. Was tatsächlich in Altaussee in diesen letzten Kriegstagen passiert ist, wird sich nie mehr bis ins letzte Detail ergründen lassen. Darum sollen zum Abschied von dieser faszinierenden Geschichte noch einmal die Hauptakteure auftreten – und mit ihnen die „Wahrheit", die auch ihre Zukunft bestimmt hatte. Ob sie vergaßen, leugneten oder verbissen um ihre Rechtfertigung kämpften, ob sie im Salzkammergut blieben oder so weit wie möglich weggingen: Der Salzberg hat keinen von ihnen je wieder zur Gänze losgelassen.

ALBRECHT GAISWINKLER

Zu Kriegsende bester Informant und bevorzugter Partner der Amerikaner, wird der Bad Ausseer Bezirkshauptmann den Besatzungstruppen rasch verdächtig. Seine undurchsichtigen Machenschaften, vor allem mit Hilfsgütern für die Bevölkerung, aber auch mit beschlagnahmten Gütern ehemaliger NS-Größen, werden Gegenstand von polizeilichen Erhebungen. Gaiswinkler aber schafft es, das Ausseerland und die Ermittler hinter sich zu lassen. Er wird schon im November 1945 Abgeordneter im Nationalrat in Wien und damit auch politisch immun. Zwei Jahre später veröffentlicht er sein Buch „Sprung in die Freiheit", in dem er sich selbst die Hauptrolle bei der Rettung der Kunstschätze zuschreibt. Auch hält er im Parlament flammende Reden, in denen er die Aktionen der Widerstandskämpfer zunehmend märchenhaft ausschmückt. Die Ermittlungen gegen Gaiswinkler laufen unterdessen weiter, auch in den Medien tauchen Berichte über kriminelle Aktivitäten auf. Gaiswinkler wird schließlich 1950 aus seiner Partei, der SPÖ, ausgeschlossen. Er wird wieder Krankenkassenbeamter wie schon vor dem Ständestaat. Seine Geschichte als Retter der Kunstschätze lebt noch Jahrzehnte in Büchern und Filmen weiter.

EMMERICH PÖCHMÜLLER

Der Generaldirektor der Salinen wird nach der Gefangennahme durch die Amerikaner beim Verhör nachweislich misshandelt und ins Internierungslager Glasenbach gesteckt. Dort beginnt er mit dem Verfassen des Buches „Weltkunstschätze in Gefahr", in dem er in Tagebuchform seine Version von der Rettung der Kunstschätze schildert. Als er 1947 schließlich entlassen wird, beginnt Pöchmüller einen erbitterten juristischen Kampf um seine Rehabilitierung und Anerkennung als Retter der Kunstschätze. Er wendet sich an mehrere Bundespräsidenten in Folge mit einem Gnadengesuch, das aber abgelehnt wird. Mehrmals klagt er die Republik Österreich, unter anderem auf mehrere Millionen Schilling als Belohnung für die Rettung der

Kunstschätze. All diese Klagen scheitern, auch weil der inzwischen von Rachsucht getriebene Pöchmüller zunehmend unrealistische Forderungen stellt. Was ihm gelingt, ist seine politische Entlastung und die Aufhebung des Berufsverbotes. Er geht nach Deutschland, um dort zu arbeiten, setzt aber seinen Kampf vor Gericht und gegen die Arbeitervertreter der Salinen fort. Schließlich stirbt er völlig verbittert und gebrochen 1963. Seine Schwester Hedwig Willfort, setzt seinen Kampf fort: Sie geht gegen den ORF und Hugo Portisch wegen falscher Berichterstattung über die Rettung der Kunstschätze vor, auch beschmiert sie Exponate einer Ausstellung am Salzberg mit Kommentaren wie „dreiste Lüge".

ALOIS RAUDASCHL

kehrt nach seinem Alleingang still und unbedankt in sein Leben als Wasserer zurück. Er würde es nie wieder machen, sollte er später als alter Mann verbittert über diese Nacht sagen. Als ehemaliges NSDAP-Mitglied wird er nie in den Kreis jener Bergarbeiter aufgenommen, die sich selbst als die „Freiheitskämpfer von Altaussee" ausführlich als Retter der Kunstschätze feiern. Er erhält von der Finanzlandesdirektion Wien einige Jahre nach Kriegsende die Aufforderung, Teile seiner Pension, die er als NSDAP-Mitglied zu Unrecht bezogen haben soll, zurückzuzahlen. In seiner Familie meint man bis heute, er habe nie viel über diese Tage zu Kriegsende erzählt.

IRIS SCHEIDLER

knüpft, während ihr Mann als ehemaliger Kaltenbrunner-Adjutant in Haft sitzt, Verbindungen – angeblich auch erotische – zu Agenten des US-Militärgeheimdienstes. Aufgrund von Gerüchten, dass die Scheidlers über den Verbleib von Kaltenbrunners Vermögen Bescheid wüssten, wird Iris 1947 von der Polizei in Bad Aussee verhört. Sie zieht nach Salzburg und soll im Rahmen ihrer Tätigkeit für die Amerikaner auch wieder mit Wilhelm Höttl zusammengearbeitet haben. Schließlich übersiedelt sie nach Wien, wo sie immer wieder Kontakt mit belasteten NSDAP-Mitgliedern bzw. deren Rechtsvertretern hat. Als alte Dame muss sie wiederholt um ihre ohnehin winzige Pension gegen die Behörden kämpfen und lebt nach eigenen Angaben in ärmlichen Verhältnissen.

Wilhelm Höttl

Der engste Mitarbeiter Kaltenbrunners wird beim Nürnberger Prozess der wichtigste Zeuge gegen ihn. So kommt er frei, obwohl er als hochrangiger SS-Offizier schwer belastet ist. Auch Höttl knüpfte nach dem Krieg Kontakte zum US-Geheimdienst und soll für diesen als Agent tätig gewesen sein, unter anderem in Ostblockstaaten wie Ungarn. Höttl wird schließlich Direktor eines privaten Gymnasiums in Bad Aussee und erhält, trotz massiver Proteste von Organisationen ehemaliger KZ-Häftlinge, hohe Auszeichnungen des Landes Steiermark. Er soll nach 1945 auch nicht unbeträchtliche Geldmittel verwaltet haben.

Sepp Plieseis

Als Kopf einer Gruppe von Widerstandskämpfern wird der Kommunist zu Kriegsende in Bad Ischl der wichtigste Entscheidungsträger, er sorgt rasch für Ordnung und verhindert Plünderungen. Auch die Amerikaner vertrauen ihm und machen ihn zum Berater. Im beginnenden Kalten Krieg schiebt man ihn aber rasch auf einen unbedeutenden Beamtenposten ab. Wie Gaiswinkler veröffentlicht auch Plieseis bald nach Kriegsende seine Erinnerungen an den Krieg und die Ereignisse in Altaussee in Buchform. „Vom Ebro zum Dachstein. Lebenskampf eines österreichischen Arbeiters" hält sich aber kaum an die Fakten. Auch hier wird die Rolle der Widerstandskämpfer märchenhaft ausgeschmückt, vieles ist widersprüchlich und offensichtlich unrealistisch. Plieseis engagiert sich später wieder bei der KPÖ und bei Widerstandskämpfer-Vereinigungen. Sein Buch wird in der DDR neu aufgelegt und auch verfilmt.

Hermann Michel

Der Mineraloge, der sich in den ersten Nachkriegstagen erfolgreich den Amerikanern als der Retter der Kunstschätze angedient hatte, wird auch diesen ziemlich rasch verdächtig. Vor allem seine enge Zusammenarbeit mit Gaiswinkler, der ihm auch einen ganz offensichtlich gefälschten Ausweis als Widerstandskämpfer ausstellt, macht ihn suspekt. Auch er veröffentlicht tagebuchartige Notizen über die Ereignisse, in denen aber in der ersten Version noch alle wichtigen Akteure berücksichtigt werden. Die Hauptrolle bei der Rettung schreibt Michel sich selbst zu. Er wird diese Rolle in seinen späteren Darstellungen immer weiter ausbauen. Im November 1945 kehrt er nach Wien zurück und übernimmt wieder die Leitung des Naturhistorischen Museums. Schließlich wird er vom Unterrichtsministerium aufgefordert, eine offizielle Darstellung der Vorgänge in Altaussee abzugeben. Er bleibt diese jahrelang schuldig. Als er sie schließlich 1950 fertigstellt, steckt sie voller Widersprüche. Michel geht 1952 in Pension und zieht sich völlig aus der Öffentlichkeit zurück.

Herbert Seiberl

Der Restaurator wird als Mitglied der NSDAP aus seiner Funktion im Salzbergwerk entlassen, auch im Denkmalamt in Wien will man mit dem ehemaligen Direktor nichts mehr zu tun haben. Arbeitslos haust Seiberl mit seiner Frau und vier Kindern über Monate in einem winzigen Gastzimmer im Ausseerland. Schließlich hält er sich mit dem Malen von Hinterglasbildern und Weihnachtskarten über Wasser. Kollegen vom Denkmalamt verhelfen ihm außerdem zu einigen Restaurierungsaufträgen. Seiberl äußert sich über die Ereignisse im Berg immer nur äußerst knapp. Er stirbt 1952, im Alter von 48 Jahren.

Otto Högler

Der Bergrat wird sofort nach Kriegsende von einer Gruppe Bergarbeitern verhaftet, den Amerikanern übergeben und ins

Internierungslager Glasenbach gebracht. Er wird 1947 entlassen und darf ab 1951 wieder in den Salinen arbeiten. Högler schreibt in seinem Bericht sich und Salinendirektor Pöchmüller die Hauptrolle bei der Rettung zu. Nach seiner Wiederanstellung bei den Salinen schweigt er über die Ereignisse. Erst nach seiner Pensionierung wird er wieder aktiv und tritt mit Pöchmüllers Schwester Hedwig Willfort in engen Kontakt. Immer wieder versucht er seine Version der Geschichte an die Öffentlichkeit und vor die Behörden zu bringen, findet aber kaum Beachtung.

Bibliografische Hinweise

Bücher

Anderl Gabriele, Caruso Alexander (Hg.): *NS-Kunstraub in Österreich und die Folgen*. Innsbruck 2004

Armbruster, Thomas: *Rückerstattung der Nazi-Beute: die Suche, Bergung und Restitution von Kulturgütern durch die westlichen Alliierten nach dem Zweiten Weltkrieg*. Berlin 2008

De Jaeger, Charles: *Sonderauftrag Linz*. München 1988

De Waal, Edmund: *Der Hase mit den Bernsteinaugen*. Wien 2011

Fest, Joachim: *Speer, eine Biographie*. Hamburg 1999

Fest, Joachim: *Der Untergang*. Hamburg 2002

Frodl-Kraft, Eva: *Gefährdetes Erbe. Österreichs Denkmalschutz und Denkmalpflege 1918 – 1945 im Prisma der Zeitgeschichte*. Wien 1997

Gaiswinkler, Albrecht: *Sprung in die Freiheit*. Ried 1946

Geyde, George Eric: *Als die Bastionen fielen*. Wien 1981

Haase, Günther: *Die Kunstsammlung Adolf Hitler. Eine Dokumentation*. Berlin 2002

Hammer, Katharina: *Glanz im Dunkel. Die Bergung von Kunstschätzen im Salzkammergut am Ende des 2. Weltkrieges*. Wien 1986

Kalss, Helmut: *Widerstand im Salzkammergut*. Dissertation Universität Graz

Kammerstätter, Peter: *Materialsammlung über die Widerstands- und Partisanenbewegung im oberen Salzkammergut – Ausseer Land 1943 – 1945*. Wien 1978

Kershaw, Ian: *Das Ende*. München 2011

Kubizek, August: *Adolf Hitler. Mein Jugendfreund*. Graz 1953

Kubin, Ernst: *Sonderauftrag Linz. Die Kunstsammlung Adolf Hitlers*. Wien 1989

Lillie, Sophie: *Was einmal war: Handbuch der enteigneten Kunstsammlungen Wiens.* Wien 2003

Lynn, Nicholas H.: *Der Raub der Europa. Das Schicksal europäischer Kunstwerke im Dritten Reich.* München 1997

Pawlowsky, Verena, Wendelin, Harald (Hg.): *Enteignete Kunst. Raub und Rückgabe – Österreich von 1938 bis heute.* Wien 2006

Pearson, Ralph E.: *Enroute to the redoubt.* Chicago 1957

Petropoulos, Jonathan: *Kunstraub und Sammelwahn. Kunst und Politik im Dritten Reich.* Berlin 1999

Picker, Henry: *Hitlers Tischgespräche.* Berlin 1951

Plieseis, Sepp: *Vom Ebro zum Dachstein.* Linz 1946

Pöchmüller, Emmerich: *Weltkunstschätze in Gefahr.* Salzburg 1948

Portisch, Hugo, Riff, Sepp: *Österreich II, Am Anfang war das Ende, Das Ende der Alpenfestung.* Wien 1981

Schwarz, Birgit: *Geniewahn: Hitler und die Kunst.* Wien, Köln, Weimar 2009

Schwarz, Birgit: *Hitlers Museum. Die Fotoalben Gemäldegalerie Linz: Dokumente zum „Führermuseum".* Wien, Köln, Weimar 2004

Speer, Albert: *Erinnerungen.* Berlin 1969

Trenkler, Thomas: *Der Fall Rothschild.* Wien 1999

Walters, Guy: *Hunting Evil.* New York 2009

Walzer Tina, Templ Stephan: *Unser Wien. „Arisierung auf österreichisch".* Berlin 2001

Weiß, Wolfgang: *Vorsicht Marmor, nicht stürzen.* Graz 2009

Archive, Nachlässe

Interviews mit Iris Scheidler, Hermann König und Alois Raudaschl, 1972,
geführt und aufgezeichnet von Hedwig Willfort, aus dem Nachlass von
Emmerich Pöchmüller und Hedwig Willfort, Linz

*Berichte von Otto Högler, 1945, Karl Sieber, 1945 und 1946, Hermann Michel, 1945,
Herbert Seiberl, 1945, Max Eder, 1945, Eberhard Mayerhoffer,* allesamt aus
dem Nachlass von Emmerich Pöchmüller und Hedwig Willfort, Linz

Simon Wiesenthal, *Berichte über Iris und Arthur Scheidler*,
Simon Wiesenthal Archiv, Wien

James Plaut, *Consolidated Interrogation Report*, National Archives Washington

Berichte von Hermann Michel, Valentin Tarra,
Gendarmeriepostenkommandant Auerböck,
Dokumentationsarchiv des Österreichischen Widerstands, Wien

Radiosendungen

David Guttner, Fragmente des Widerstands, Sendereihe des Freien Radio
Salzkammergut, Bad Ischl 2005

Internet-Quellen

http://www.doew.at/
http://www.dhm.de/datenbank/linzdb/
http://www.lootedart.com/
http://residence.aec.at/
http://www.provenienzforschung.gv.at/
http://www.kunstrestitution.at/

Besonderen Dank an *Gerhard Nowak,* Linz,
Helmut Kalss, Altaussee, *Johanna Gaisberger,* Altaussee,
Monika Gaiswinkler, Altaussee, *Wolfgang* und *Herbert Seiberl,*
Michaela Vocelka, Wiesenthal Archiv, Wien, *Dokumentatio*

Personenregister

Robert M. Edsel

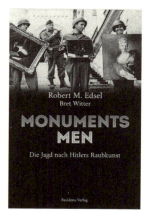

Monuments Men
Die Jagd nach Hitlers Raubkunst

Es ist ein Wettlauf gegen die Zeit:
Die Nationalsozialisten organisieren
den „größten Diebstahl der Geschichte"
und lassen aus den besetzten Gebieten
Europas mehr als fünf Millionen Kunst-
objekte für das „Führermuseum" ins
Reich schaffen. Als die Alliierten 1944 in
der Normandie landen, ist unter ihnen
eine ungewöhnliche Sondereinheit
aus Kunsthistorikern, Architekten und
Kulturschaffenden, die „Monuments Men".
Ihr Auftrag ist nichts Geringeres, als
die von den Nazis geraubten und verschollenen Kunstwerke aus
ganz Europa aufzuspüren und die Rückgabe an Museen und
Sammler in die Wege zu leiten.

Robert M. Edsel erzählt die atemberaubende Schatzsuche anhand
von persönlichen Briefen und Tagebüchern der Schlüsselfiguren
und liefert damit die Vorlage zum Film von und mit George Clooney,
Cate Blanchett, Matt Damon, Bill Murray und John Goodman.

Die Geschichte der „Monuments Men" hat der Amerikaner
Robert M. Edsel in einem Buch nacherzählt, das sich wie eine
Mischung aus Bildungsroman und Krimi liest.
STERN ONLINE

autor**in**residenz